BIBLIOTHÈQUE DÉMOCRATIQUE

YVES GUYOT

NOS

PRÉJUGÉS

POLITIQUES

PARIS

LIBRAIRIE DE LA BIBLIOTHÈQUE DÉMOCRATIQUE

9, place des Victoires, 9

30 centimes

45 CENTIMES RENDU FRANCO DANS TOUTE LA FRANCE

1re édition. — 1872.

NOS

PRÉJUGÉS POLITIQUES

BIBLIOTHÈQUE DÉMOCRATIQUE

DIRECTEUR : M. VICTOR POUPIN

YVES GUYOT

NOS

PRÉJUGÉS

POLITIQUES

PARIS

LIBRAIRIE DE LA BIBLIOTHÈQUE DÉMOCRATIQUE

9, PLACE DES VICTOIRES, 9

1872

YVES GUYOT

———

Né à Dinan (Côtes-du-Nord), le 6 septembre 1843, M. Yves Guyot vint à Paris en 1864, et s'occupa spécialement des questions de science appliquée à l'industrie, et d'économie politique.

En 1866, il publia l'*Inventeur* (1 vol. in-8°), dans lequel il exposait la situation pénible que font à tous les novateurs, notre régime politique, notre législation, nos habitudes routinières.

En 1868, il devint collaborateur assidu de la *Pensée nouvelle*. Rédacteur en chef de l'*Indépendant du Midi*, à Nîmes, il subit plusieurs condamnations, s'opposa énergiquement à toute transaction avec l'empire libéral, et, après avoir contribué à la fondation du journal *les Droits de l'homme*, de Montpellier; il revint à Paris où il s'occupa activement de la campagne antiplébiscitaire.

Après une nouvelle condamnation, il entra au *Rappel*. Pendant la guerre, il prit part à la bataille de Buzenval, et pendant la Commune, il fit partie de la *Ligue d'union républicaine des droits de Paris*.

M. Yves Guyot a collaboré ou collabore à l'*Encyclopédie générale*, à l'*Émancipation* de Toulouse, au *Progrès de Lyon*, à la *République* de Montpellier. Au moment où le conseil municipal de Paris entra en fonctions, il fonda la *Municipalité*. Il est actuellement un des principaux rédacteurs du *Radical*, et publie, avec M. Sigismond Lacroix, un long et très-intéressant ouvrage intitulé : *Histoire des prolétaires*.

M. Yves Guyot appartient à la jeune école qui essaye d'introduire, dans les questions sociales et politiques, la rigueur de la méthode scientifique.

VICTOR POUPIN.

NOS

PRÉJUGÉS POLITIQUES

I

Le préjugé.

D'après Bentham, le préjugé a pour points d'appui :

1° L'opinion positive de nos ancêtres.

« Voilà ce qu'ils ont fait. Nous devons faire comme eux. »

2° L'opinion négative de nos ancêtres.

« Ils n'ont pas fait ce qu'on nous propose. Nous ne devons pas le faire. »

3° L'opinion acquise sur le danger des innovations.

« Nous sommes habitués à ça. On ne

sait point ce que fera cette nouveauté-là. Il en a toujours été ainsi. Pourquoi changer ? »

4° Les lois déclarées irrévocables.

« Comme l'ont dit nos pères !.. — C'est un principe de la tradition révolutionnaire ou religieuse ! — Jésus a dit... »

5° Le nombre de ceux qui partagent une opinion déterminée.

« Tout le monde est de mon avis. — Ce que vous dites là n'a pas le sens commun. »

6° L'autorité personnelle.

« J'ai toujours pensé comme cela ! — Il y a longtemps que je l'ai dit. — J'ai toujours soutenu que... Moi qui... »

L'analyse de Bentham n'est pas encore complète.

Le dictionnaire de l'Académie n'a pas eu tort de définir le préjugé de la manière suivante : « Opinion adoptée sans examen. »

Seulement cette définition est insuffisante.

Le préjugé, réduit à sa plus simple expression, est tout simplement le résultat de l'ignorance.

Tout est d'abord préjugé dans la tête de l'enfant. Il voit quelque chose. Il veut se rendre compte de sa sensation. Il formule un jugement. Le jugement est faux. On lui dit qu'il est juste ou il le croit juste, en vertu de la confiance qu'il a en lui-même. Voilà un préjugé établi.

A l'enfance de l'humanité, le même résultat se produit. L'homme n'ayant point de faits acquis, n'ayant point étudié leurs rapports, dépourvu des moyens de contrôler la première impression de ses sens, et jugeant d'après elle, n'a que des préjugés au lieu de connaissances positives.

C'est d'après la haine, l'amour, la pitié, la crainte, l'admiration, sentiments qui le dominent, qu'il juge, et ces jugements sont empreints d'une partialité d'autant plus grande que ces sentiments sont plus violents.

En même temps, comme l'homme, arrivé au moins à un certain degré de dé-

veloppement intellectuel, est avide de
tout comprendre, et comme il n'a pu re-
lier les faits observés par lui, de manière
à saisir leurs rapports, il a recours au
merveilleux pour expliquer non-seulement leur « comment », mais encore leur
« pourquoi ».

Il s'abandonne alors au besoin d'expli-
cations qui le domine. Ne pouvant arriver
à la vérité, il invoque l'hypothèse. Comme
l'hypothèse s'écroule si elle n'est appuyée,
il multiplie les hypothèses pour les expliquer réciproquement les unes par les autres.

Sur quoi repose le monde ? demande-
t-on à un Indien. — Sur un chameau. —
Et sur quoi le chameau ? — Sur un éléphant. — Et sur quoi l'éléphant ? — Sur
une tortue ! — Et après ?

Après ? l'Indien s'arrête embarrassé et
tâche d'inventer une nouvelle hypothèse
pour justifier les autres. C'est là l'histoire
de toutes les religions, de tous les mythes,
de toutes les légendes. L'homme, dans
son effort pour comprendre, multiplie ses

erreurs pour essayer d'expliquer ce qu'il a d'abord crû vrai.

Comme il lui est, d'un autre côté, absolument impossible de rien concevoir qui n'ait pas un rapport direct avec ses sensations, il donne toujours aux chimères qu'il crée une certaine apparence de réalité.

Ne pouvant comprendre tout d'abord l'éternité de l'univers, il imagine un grand ouvrier qui bâtira cet univers à son gré. Ce grand ouvrier se présentera à lui sous l'aspect d'un homme vénérable, éprouvant ses propres besoins, ses propres caprices, ses propres passions, jouissant surtout des avantages qu'il désire le plus, la force sans limites par exemple, la faculté d'être partout à la fois, de voir tout et d'être invisible. Ce personnage, créé ainsi par l'homme, s'appellera ici Jupiter, là Jéhovah, Dieu dans la langue actuelle. Quelque nom qu'il prenne, il sera toujours le même : l'image agrandie des hommes qui l'ont conçue.

Ce qu'il y a de pire, c'est qu'on invoque

ensuite ses préjugés comme autorités pour combattre la vérité.

Rien de plus naturel, du reste : le préjugé, étant une erreur, doit considérer toute vérité comme une ennemie d'autant plus terrible et haïssable qu'il doit forcément, à un moment donné, être vaincu par elle.

Mais comment distinguer la vérité du préjugé ?

Définissons d'abord le préjugé : nous essayerons ensuite de montrer ce qu'est la vérité.

Le préjugé est, selon nous, une opinion *a priori*, reposant, soit sur des observations incomplètes, soit sur des observations non contrôlées, soit sur des affirmations non vérifiées.

Ou autrement :

Le préjugé est une opinion subjective.

II

De la méthode en politique.

Le sujet est aride : je serai bref.

Mais je n'ai pas le droit de dire que telle idée est un préjugé, si d'abord je ne dis pas par quels moyens je parviens à démontrer qu'elle est erronée.

Autrefois un savant voulant convaincre un de ses confrères d'erreur, disait :

— C'est contraire aux saintes Écritures, à Aristote, à Hippocrate ou à Galien.

La terre ne tourne pas, car Josué n'aurait pas pu arrêter le soleil : par conséquent on mettait Galilée à la torture.

Quand Colomb veut prouver qu'il y a des antipodes, on le réfute avec des textes tirés de la Genèse, des Psaumes, des Prophètes, de l'Évangile, des Épîtres, accompagnés des commentaires de saint Chrysostome, de saint Augustin, de saint Jérôme, de saint Basile, de saint Ambroise, de Lactance.

Renaudot, au dix-septième siècle, ayant commis quelque irrévérence envers Hippocrate, Guy-Patin déclare que tout est perdu : « Qui eût jamais cru, s'écrie-t-il, qu'un docteur de Paris eût osé parler si légèrement de ce souverain dictateur de la médecine ? *Proh ! Deûm immortalium fidem !* Où est la foi, l'honneur, la conscience de cet écrivain ? »

Et comme Renaudot ne s'amendait pas, la docte Faculté le faisait condamner par arrêt du Parlement !

Tout récipiendaire de la Faculté devait s'engager par serment à ne jamais enseigner une autre doctrine que celle du maître.

On partait d'une déclaration du maître, on bâtissait dessus un syllogisme, et de là on concluait. Voici un exemple de syllogisme : — Un cheval rare est cher. — Or, un bon cheval à bon marché est rare. — Donc un bon cheval à bon marché est cher.

Quand on avait fait une belle découverte de ce genre, on se frottait les mains et on se proclamait grand homme.

Nous en étions tous aux médecins de Molière. La nature était faite pour la théorie. Si les faits démentaient la théorie, c'était la nature qui se trompait. « Il n'y a pas de fait qui tienne devant deux lignes d'Aristote. »

Au moment où la docte Faculté de Paris proclamait l'infaillibilité des anciens, avec tant d'absolutisme, un Anglais, François Bacon, renversait la question et disait :

« Il faut observer les faits d'abord ; les rapports constants des faits entre eux forment des lois : la science est l'étude de ces rapports. »

Un exemple : vous jetez une pierre par la fenêtre, elle tombe. Vous en jetez dix, quinze, vingt, trente ; elles tombent..... Vous concluez que toute pierre jetée par la fenêtre tombera, vous mesurez la vitesse de leur chute, et d'observations en observations, vous arrivez à constater la loi de la pesanteur.

Toutes les découvertes scientifiques se sont accomplies de cette manière.

On appelle cette méthode, méthode d'induction ou méthode objective, en opposition avec la méthode subjective ou dialectique, qui raisonne sans s'inquiéter de la justesse du point de départ.

C'est à l'aide de cette méthode que la physique, la chimie, la géologie, la zoologie, la physiologie, toutes les sciences naturelles et physiques ont fait leurs grandes découvertes.

Si nous ne voulons pas que la société soit livrée à l'empirisme de charlatans politiques, comme l'était jadis le malade, nous devons transporter cette méthode dans l'étude des rapports sociaux.

Le savant Chevreul en montrait la nécessité dans les termes suivants :

« Les préventions que des esprits droits d'ailleurs peuvent avoir contre la vérité, lorsqu'il s'agit de la répandre parmi les hommes, tiennent précisément à cette circonstance que les troubles dont ils l'accusent d'être la cause dans la société, sont nés en réalité d'opinions erronées qu'on a données pour des vérités. »

(Lettre à M. Villemain.)

III

Des préjugés d'éducation.

Mathieu Williams, faisant à l'institution royale de la Grande-Bretagne l'éloge de Rumford qui, de petit maître d'école, devint ministre de Bavière, disait :

« Tous les succès de sa carrière, il les dut au même principe : quoi qu'il fît, qu'il mangeât une tranche de pudding ou qu'il gouvernât une nation, il le faisait en se conformant rigoureusement à la méthode d'induction qui a produit les merveilles de la science moderne.

« Si donc vous voulez que votre fils réussisse comme soldat, comme avocat, comme homme d'État, donnez-lui une éducation scientifique, pratique et solide; qu'il apprenne à étudier les faits, à les généraliser et à en tirer les règles pratiques d'après lesquelles il puisse se guider. »

Malheureusement notre éducation est absolument hostile à la méthode objective. De là, la terrible résistance que rencontrent tout progrès, toute vérité nouvelle.

Tyndall, se plaçant au point de vue scientifique, le constatait :

« Au fond (les prêtres, pasteurs, etc.) ont tous autant de goût pour la vérité scientifique que les autres hommes; seulement la résistance à cette disposition, résistance qui vient de l'éducation, est généralement plus forte chez eux que chez d'autres. Ils possèdent bien l'élément positif, l'amour de la vérité, mais l'élément négatif, la crainte de l'erreur, l'emporte. »

En France, c'est précisément cet élément négatif que développe notre éducation à la fois catholique et païenne.

Enfants, on nous parle au nom des anciens, comme jadis à la Faculté de médecine : il y a telle idée qui, bien formulée, passe à l'état d'adage, et on la répète comme vérité acquise, tandis qu'elle est erreur absolue.

Rien de positif dans notre éducation. On remplit notre cerveau des légendes de la Bible, d'Homère, d'Ovide. On nous élève en dehors de la réalité et de la vérité ; on nous dit de croire les unes, de ne pas croire les autres : où est notre critérium pour faire un choix entre Jupiter et Jéhovah ?

Nous nous habituons aux vérités d'à peu près : nous chevauchons toutes les chimères qu'on nous montre : notre imagination surexcitée perd la réalité de vue et, tournant dans une sorte d'éclectisme sceptique, voyant notre père libre-penseur et notre mère catholique, nous nous arrangeons pour vivre avec des idées toutes faites sans nous donner la peine de vérifier leur exactitude.

Et comment pourrions-nous vérifier cette exactitude? avec quel instrument? on ne nous en a pas montré. On nous a appris l'histoire : grands hommes, Alexandre, César, Charlemagne, Louis XIV, Napoléon, tous les hommes qu'a couronnés le succès à un moment donné! ce sont des espèces de dieux! Plus ils sont grands, plus l'humanité est petite. On nous dit bien qu'il y a une morale supérieure, la morale du dévouement, du sacrifice; mais l'histoire ne fait l'apologie que de la morale du succès.

Il y a une classe consacrée à la logique. Allons-nous là trouver une méthode nous permettant de distinguer le vrai du faux? Nous trouvons des axiomes, des assertions, une sorte de commentaire du catéchisme : on nous dit de croire à l'immortalité de l'âme et à l'existence de

Dieu : il y a des lycées où cette classe est faite par un abbé, et avec raison !

À l'intérieur du lycée, l'obéissance passive : nul bruit du dehors ne doit y pénétrer ; on se lève au son du tambour, on mange, on s'amuse, on travaille au son éternel du tambour : l'étude est une compagnie de discipline ; le pion un sergent, sinon un argousin : la discipline est dure, triste, silencieuse : l'esprit se replie sur lui-même dans une sorte d'engourdissement ; et la préparation au baccalauréat développant la mémoire et excluant le jugement, il en résulte qu'au bout de huit ans, le lycée verse dans la société de petits perroquets pouvant enfiler des mots sans en comprendre le sens, mais incapables de voir et de penser par eux-mêmes.

Alors le jeune homme entre dans la société avec les idées de Plutarque et de Quinte-Curce, mêlées de réminiscences catholiques, et, ainsi préparé, choisit sa carrière.

Il entre à Saint-Cyr, ou dans quelque

école spéciale. Il ne fait que changer de classe : et quand il en sortira, il ne pourra plus voir le monde qu'avec des yeux de lycéen.

Ou bien il étudie le droit : mais l'étude du droit, telle qu'elle existe actuellement, ne repose que sur l'équivoque des textes : il apprendra à jouer avec les mots et deviendra de plus en plus rebelle aux idées.

Il étudie la médecine : dans cette étude, il est obligé d'avoir recours à la méthode expérimentale : il faut qu'il scrute le cadavre, qu'il fasse le diagnostic du malade ; son esprit est obligé de prendre des habitudes d'observation précise ; mais trop souvent déjà dévoyé par l'éducation antérieure, tandis qu'il accomplit son évolution scientifique, il reste imbu de tous les préjugés philosophiques, historiques et sociaux dont il a été imprégné dès l'enfance.

Voilà l'origine des préjugés qui dominent et courbent les « classes éclairées » de la nation.

Cette origine catholico-païenne, super-
stitieuse, autoritaire, explique la nature
des erreurs qui, depuis quatre-vingts ans,
nous ont jetés de révolutions en coups
d'État, de la République dans le césarisme, et du césarisme dans la défaite.

I V

De l'application des préjugés d'éducation.

Le jeune homme est élevé pour être Grec ou Romain, non pour être homme du dix-neuvième siècle.

L'histoire ne nous montre à Athènes et à Rome que deux professions dignes d'un « honnête homme » : le noble métier des armes ou le métier d'avocat.

Être orateur, comme Cicéron, ou général, comme César : voilà l'idéal de tout jeune collégien.

Les plus modestes se disent que César est grand, que l'État est riche, et que, par conséquent, ils doivent s'attacher à mériter ses faveurs en se mettant à son service.

De là, trois classes dans la bourgeoisie :

L'officier, vivant à part dans la nation, ne rêvant que guerre étrangère ou même civile, parce qu'il ne rêve qu'avancement.

Six cent mille fonctionnaires et cent mille postulants, qui n'ont d'autre idéal que la récompense de leur servilité, et n'ont d'autre morale que le zèle de la servitude.

Les autres, plus intelligents, plus actifs, plus audacieux, ont l'agora et le forum en partage : avocats, du moment qu'ils savent parler en public, la tribune leur appartient : par conséquent les assemblées, donc les portefeuilles. Ils ont pour vocation de faire de la politique et, pour métier, d'être candidats, jusqu'à ce qu'ils deviennent gouvernement.

Quant à la nation qui cultive, travaille, produit, agricole ou manufacturière, c'est de la matière imposable et gouvernable.

Au moment du scrutin, on y songe pour la tromper et la séduire, on y songe ensuite pour la faire payer et la dompter, si elle s'avise de réclamer.

———

V

Le bon sens, le sens commun et le sens moral.

En France, nous avons la prétention de marcher à la tête de la civilisation : nous réclamons même avec une certaine coquetterie le titre de révolutionnaires.

En réalité, il n'est pas de nation plus routinière. Nous sommes presque tous, grâce à notre éducation, écrasés sous notre paresse intellectuelle. Nous gardons toute idée que nous avons, uniquement parce que nous l'avons et que, pour en changer, il faudrait faire un effort, se livrer à un travail. Nous trouvons plus simple de dire : « Mon siége est fait ! » et de nous endormir dans notre apathie.

Toutes les inventions que quelques individus ont faites ou apportées en France ont d'abord été appliquées et exploitées chez les peuples étrangers. C'est Papin qui invente le bateau à vapeur, mais c'est Fulton qui le lance en Amérique !

Nous avons peur en France de toute idée neuve, comme si elle devait nous aveugler. Nous suivons le conseil d'Olivier de Serres : « Tiens pour suspecte toute nouvelleté. Ne change point de soc. »

Combien y a-t-il en France de ces chercheurs infatigables, dont l'esprit inquiet, comme celui de Lamennais, ne se repose que dans la tombe ?

Nous tenons pour bon ce qui est. Tout ce qui est nouveau est discutable. Cela nous heurte et nous choque : cela nous fait rire : et, comme, si nous aimons à rire, nous avons, en même temps, peur du ridicule, nous nous montrons sceptiques, préférant nous moquer d'une chose juste plutôt que de nous exposer à la moquerie des autres.

Allez dans une petite ville, l'épithète la plus injurieuse, exprimant avec le plus de force la plus violente réprobation, est celle-ci :

— C'est un original !

C'est-à-dire que vous ne pensez pas comme tout le monde : que vous vous permettez d'avoir quelques idées dont le titre n'a pas cours sur la promenade de la ville et dans les deux cercles qui lui donnent le ton.

A cette épithète d'original vient infailliblement se joindre le commentaire suivant :

— Il n'a pas de « bon sens. »

Vous voyez, du reste, dans les journaux de « l'ordre », à Paris comme en province, toute idée indépendante frappée de cet anathème : « Elle est opposée au bon sens. »

Mais qu'est-ce que le « bon sens » ? Ce

qui est « bon sens » pour vous peut être mauvais sens pour moi.

Oh ! je sais : vous allez me répondre : — Mais « le bon sens » ! tout le monde comprend ce que cela veut dire !

J'attendais cette définition : elle me donne la vraie.

Du moment que tout le monde sait ce que ce mot signifie, cela prouve qu'il exprime ce que pense tout le monde.

De là, je conclus que le « bon sens » est tout simplement l'ensemble des préjugés, des idées, des traditions de tout le monde, au moins de tout votre monde.

Le droit divin ! mais c'est indiscutable ; cela tombe sous le « bon sens » du monde légitimiste.

La nécessité de la monarchie constitutionnelle ! mais c'est une affaire de « bon sens » pour tous les orléanistes.

Plus d'un républicain réclamera aussi la République au nom du « bon sens ».

Le « bon sens » d'un Chinois n'est point le même que celui d'un Français ; le « bon sens » d'un paysan bas-breton n'est po le même que le « bon sens » d'un Parisien, et le « bon sens » du faubourg Saint-Germain n'est pas le même que celui de Montmartre.

En un mot, le « bon sens, « c'est quelque chose qui semble vouloir dire quelque chose et, en réalité, ne dit rien.

Ce que je viens de dire du « bon sens » s'applique également au « sens moral ».

De temps en temps, j'entends dans un réquisitoire, un avocat général s'écrier, indigné:

— Cet homme manque de « sens moral. »

Mais quel est donc ce «sens moral? » où est-il ? Montrez-le-moi ? Je vois ici des anthropophages ; là je vois des gens qui se marient avec leur sœur. Je vois enfin des soldats qui s'entre-tuent en toute sécurité de conscience.

J'accepte l'existence de ce « sens moral », si vous y tenez, mais à la condition que vous reconnaissiez qu'il n'est pas le même chez tous les hommes, à tous les moments.

Dans une conversation, un adversaire à bout d'arguments, vous dit souvent : « Personne ne sera de votre avis ! »

Que m'importe ? si j'ai raison. Quand Galilée découvrit la rotation de la terre, quand Pascal découvrit la pesanteur de l'air, personne non plus n'était de leur avis.

VI

Le subjectivisme. — Vous sapez les fondements de la société !

Nous ne nous contentons pas de nous tromper : nous avons encore confiance dans notre erreur. « Le catholique sait qu'il ne peut pas se tromper » a dit de Maistre.

Nous avons tous cette foi.

Du moment que nous avons déclaré à nous-même que telle chose était vraie, nous le croyons sans hésitation et, en vertu de nos habitudes subjectives, nous excommunions ceux qui ne le croient pas.

Nous n'admettons même pas que quelqu'un puisse nous demander le pourquoi de notre affirmation.

Un père dit à son fils :

— C'est moi qui te le dis !

Le professeur dit aux élèves :

— C'est moi qui vous le dis !

Dernièrement, je demande une explication à un employé d'une administration publique. Il me fait une réponse que je ne comprends pas. En m'en allant, je l'entends dire à ses collègues :

— Faut-il être bête !

Très-volontiers, nous traitons d'imbéciles ceux qui ne sont pas immédiatement de notre avis.

C'est bien heureux quand nous ne les traitons pas de « canailles ».

Nous croyons tellement en nous-même que nous n'admettons pas que, sans mauvaise foi, on puisse se refuser à voir la même lumière que nous.

Sous la Commune, je vais, un jour, à la préfecture de police pour tâcher de délivrer quelqu'un. Rien de changé aux habitudes administratives : je fus reçu avec morgue.

— Comment pouvez-vous vous intéresser à un homme qui professe « d'aussi mauvaises doctrines ? »

Au même moment, les dépêches du gouvernement et les discours de l'Assemblée étaient remplis d'excommunications contre les « mauvaises doctrines » de la Commune.

Des deux côtés, excommunication majeure, et en France, nous avons un tas de petites sectes qui s'excommunient réciproquement, en se disant, en outre, beaucoup d'injures.

C'est parce que nos idées personnelles sont, pour chacun de nous, des dogmes indiscutables que jamais la liberté de la presse, de réunion et d'association n'a pu s'établir en France.

« La liberté de la vérité, dit Louis Veuillot, est l'esclavage de l'erreur. »

Quand l'empire a supprimé l'*Univers*, il appliquait tout simplement sa doctrine.

Chacun des partis qui arrivent tour à tour au pouvoir, considère ses idées comme sacramentelles.

Parlez donc, écrivez, réunissez-vous, associez-vous, mais... pour le bon motif.

Un général me disait dernièrement :

— Vous sapez les fondements de la société !

J'ai traduit immédiatement : — Je n'ai été que garde national, je n'ai point été aide de camp de l'empereur, je n'ai point voté « oui » au plébiscite du 8 mai 1870, j'ai toujours voté contre les candidats officiels, j'ai contribué pour ma petite part au 4 septembre, je ne crois pas que l'état de siége soit un régime de liberté, j'aime mieux la République qu'une monarchie ; je prétends qu'il y a encore quelques progrès politiques et sociaux à accomplir ; j'ai, avant tout, un respect profond pour les droits de l'individu ; c'est évident ! je sape les fondements de la société !

Si vous prouvez que tel juge d'instruction de l'empire a inventé un complot, tous les magistrats s'écrieront : « Mais c'est le renversement des bases de la société. »

Si vous racontez quelque histoire désagréable pour un prêtre : « Mais c'est un scandale : vous sapez les bases de la société. »

Si vous dites que tel officier... chut ! les bases de la société ne s'écroulent pas, mais elles vous écrasent !

De sorte que chaque fois qu'on signale un abus, on sape les bases de la société. D'où il faut conclure que ces bases ne sont formées que d'abus.

Nous commençons individuellement par nous déclarer infaillibles.

Puis nous déclarons infaillible le corps dont nous faisons partie : la magistrature n'admet pas qu'elle puisse commettre une erreur judiciaire.

L'armée n'admet pas qu'elle puisse commettre une faute stratégique.

Le clergé n'admet pas qu'un prêtre ait pu céder à la tentation de la chair.

L'administration n'admet pas qu'elle puisse être un seul jour dans son tort envers l'administré.

Un employé coupable commence par recevoir de l'avancement. On lui lave la tête en famille ; mais l'important est que le public n'en sache rien : car alors celui-ci pourrait douter, discuter, critiquer, et, dans un État bien organisé, critique est synonyme de sédition.

Le grand coupable n'est pas celui qui a commis l'acte, c'est celui qui le dénonce.

Abrités par l'article 75 de la constitution de l'an VIII, les fonctionnaires avaient le droit de commettre tous les abus. Le conseil d'État, c'est-à-dire le gouvernement lui-même, les couvrait !

Si le moindre lilliputien administratif est ainsi infaillible, à plus forte raison le chef de l'État.

Quand il s'appelle Louis Napoléon Bonaparte, ce n'est plus un homme, c'est le représentant de la Providence sur la terre : il fait concurrence au pape.

Quand il parle, c'est la Providence qui

parle par sa bouche ; quand il exécute, c'est la Providence qui agit : or, la Providence ne peut se tromper ; donc, lui qui la représente n'est pas discutable ; donc il a le pouvoir absolu de faire de nous ce qui lui convient et de nous jeter s'il le veut dans le gouffre de Sedan.

Celui qui indiquait le gouffre était traité de « séditieux, » et celui qui voulait empêcher la France d'y tomber « sapait les fondements de la société ».

M. Thiers a sapé, au mois de juillet 1870, en s'opposant à la guerre, «les fondements de la société ».

Quand Napoléon III partit pour sa campagne d'Italie, dans sa proclamation du 7 février, il déclara qu'il n'acceptait pour juges que : « Dieu, sa conscience et la postérité ».

Dieu, ça n'est pas gênant ; sa conscience, il savait par expérience qu'il pouvait se fier à sa complaisance : quant à la postérité, elle n'est pas plus gênante que Dieu.

Ce que j'admire, ce n'est pas que Napo-

léon III ait fait cette phrase : c'est qu'il y
ait des gens qui y. aient trouvé une idée.

Et non-seulement on y trouva une ma-
gnifique idée, mais je me rappelle avoir
vu un bourgeois instruit, intelligent, libéral, qui, en sortant de lire cette affiche,
répétait ces mots et disait : « C'est ma-
gnifique !»

Comme je n'admirais pas cette prétention à l'irresponsabilité, ce bon bourgeois
me dit :

— Ah ! c'est bien cela !, toujours l'esprit de critique ! la manie de n'être pas
de l'avis de tout le monde !

VII

L'indécision.

De cette timidité et de cette infatuation résultent deux choses :

Nous n'osons avoir d'idées précises et générales sur rien. Nous avons horreur des théories et des systèmes assis sur des bases solides. Il faut étudier, chercher, fouiller, travailler, pour comprendre l'ensemble d'une théorie, à plus forte raison pour concevoir un système, appuyé sur l'observation de nombreux et complexes phénomènes.

Cela est au-dessus de nos forces : nous nous contentons d'à-peu-près. Nous prenons une idée par-ci, nous en ramassons une autre par-là : nous les soudons tant bien que mal. Tout cela ne fait pas un tout bien homogène, mais nous nous inquiétons peu que notre intelligence soit bigarrée comme une tunique d'arlequin.

Au lycée, dans nos familles, on nous a appris à nous contenter de connaissances vagues, de données incertaines. On nous a même répété plus d'une fois cette boutade de Voltaire : « Glissez, n'approfondissez pas ».

On avait de bonnes raisons pour le faire. Les enfants ont quelquefois de terribles « pourquoi » : de cette manière, on évite de répondre.

— Pourquoi, papa, me fais-tu faire ma première communion, puisque tu ne vas pas à la messe ?

— Pourquoi mon professeur me dit-il que les prodiges racontés par Ovide sont des fables, tandis que mon aumônier me dit

qu'il faut croire les miracles de la Bible
et de l'Évangile ?

La seule manière de se tirer d'embar-
ras, c'est de répondre : « Glissez, n'approfondissez pas. »

Peu à peu, l'enfant prend cette habitude, et homme, il la conserve.

Au lieu de chercher la vérité vraie, il
se borne à répéter des phrases toutes
faites.

Au lieu de serrer les faits avec âpreté,
il les effleure, prend la partie qui lui convient, laisse l'autre dans l'ombre, et il
comble les lacunes de son esprit avec des
clichés.

Si on vient souffler un peu trop brutalement sur ce château de cartes, il se fâche et crie, comme lorsqu'il était enfant :
« Mais ce n'est pas de jeu, cela ! »

Il déteste l'importun, parce qu'il est
blessé dans sa vanité; mais, au lieu d'essayer de refaire son éducation, il s'y
cramponne.

L'éclectisme est bien une philosophie
française et qui ne pouvait naître ailleurs

qu'en France. Des sons et point d'idées,
voilà qui convient bien. Un peu de tout
pour un peu tout le monde, c'est là l'idéal
de la médiocrité.

M. Belime a fait un ouvrage intitulé :
Philosophie du droit ! Il déclare en tête
qu'il n'a aucun système. C'est bien français, mais c'est triste.

Nous ramassons nos idées, comme nous
avons fait la guerre, — au petit bonheur !

Nous ne sommes jamais ni complète-
ment dans le faux, ni complétement dans
le vrai : c'est la philosophie du juste milieu.

Cette philosophie est d'autant plus dan-
gereuse qu'elle est plus difficile à saisir.
Quand on veut lutter contre elle corps à
corps, elle s'évanouit. Vous croyez l'avoir
prise, elle a disparu. Elle revêt toutes les
formes parce qu'elle n'en a aucune en
propre.

Quand il s'agit de transporter les idées
dans la pratique, nul ne sait comment s'y
prendre, parce que ces idées ne sont pas
nettes. Et alors, pour se débarrasser de

ce souci, on charge l'État de tout faire, au lieu d'essayer de faire par soi-même.

Quelque temps avant le 18 mars, je trouve un jour un journaliste devenu depuis la terreur de la bourgeoisie :

— Eh bien ! voyez-vous la révolution sociale ? me dit-il.

— Non ! expliquez-moi à quels signes on peut la reconnaître.

— Si vous ne la voyez pas, vous êtes aveugle. Quant à la Révolution sociale, c'est à la place de la Corderie qu'elle est faite. Il y a là un comité qui délibère !

VIII

L'infatuation de l'état.

Cela revient à dire :

Il y a un comité qui délibère ! vous comprenez que moi, partisan de la Révolution sociale, je n'ai pas besoin d'avoir d'idées sur la manière dont elle est faite ou dont elle se fera. C'est l'affaire de ceux qui la dirigent. J'applaudis, mais là se borne mon rôle. A quoi bon un gouvernement, s'il ne pensait pas et s'il n'agissait pas, pour moi, à ma place ?

Ce que me disait là le susdit journaliste terroriste, tout le monde le pense en France.

Simple question de paresse intellectuelle. On se fait un idéal qu'on place très-haut dans les nuages. On le revêt d'un grand mot tel que celui que je viens de prononcer. Tantôt il s'appelle : « Révolution », tantôt il s'appelle « l'ordre » : cela dépend du point de vue. Comment arriver à cet idéal ? nul ne s'en inquiète. La question des voies et moyens est trop complexe. Il y a là un tas de détails précis dont il faudrait se surcharger le cerveau, à quoi bon ? J'ai dit ce que je voulais, eh bien ! il y a l'État, ou un homme, ou un comité dans lequel j'ai placé ma confiance : c'est à lui de me donner ce que je lui demande. Je le paye en gloire ou en argent pour qu'il fasse mes affaires. Ce n'est pas à moi de m'en inquiéter. Tout Français est un grand seigneur qui veut avoir son intendant, quitte à être volé, spolié et battu par lui.

De là le plébiscite : il y a un homme qui fait une sorte de marché à forfait avec la nation : « Vous voulez la paix à l'intérieur et à l'extérieur, dit-il, donnez-moi un blanc-seing, je m'en charge. »

Le peuple se dit : « Bonne affaire ! Un homme qui se charge de la paix intérieure et extérieure, sans que nous ayons à nous en occuper ! Concluons vite avec lui cet excellent marché, quoiqu'il nous fasse payer un peu cher cette tranquillité. »

Le peuple signe le blanc-seing que lui demande son intendant. Le lendemain, il se réveille volé. Il entre en colère et met son intendant à la porte : mais il n'est pas corrigé et est tout prêt à recommencer.

Sous la Commune, il y avait là des hommes qui se faisaient tuer avec une rare énergie. Pourquoi ? la plupart auraient répondu comme mon journaliste terroriste : « Il y a un comité qui délibère ! »

Cette confiance du peuple produit l'infatuation de l'État.

En voyant la foule le regarder comme une providence chargée de faire son bonheur, il se dit : Oui, je suis chargé de son bonheur, et je le ferai malgré elle.

Seulement, l'État se compose d'hom-

mes ; ces hommes ont la timidité et le
défaut de précision des autres Français,
de sorte que, quoique infatués de leur
puissance et quoique pleins de bonnes intentions, en arrivant au pouvoir, une fois
qu'ils y sont ils ne trouvent pas autre
chose à faire que ce qu'ont fait leurs pré-
décesseurs.

Ils n'ont que des idées vagues, décla-
matoires, basées sur des mots : ils voient,
dès qu'ils veulent administrer, que ce ne
sont point des mots d'un sens indécis qui
font avancer les choses.

Alors il est trop tard, et ils n'ont plus
qu'une préoccupation : se servir de la machine qui est sous leur main.

Au lendemain du 4 septembre, toute
proposition de réforme urgente venait se
briser contre ce mot :

— Ne désorganisez pas les services !

— Mais ils sont mauvais, vos services !

— Mais ils sont organisés !

Et, comme pas un n'avait un programme
d'organisation, il était beaucoup plus
commode de conserver les abus organisés.

Au lendemain de la paix, sous le coup de nos désastres, il y eut un cri unanime d'un bout de la France à l'autre :

— Il faut réorganiser la France !

Or, c'est ce qu'on a fait, on a réorganisé la France, on ne l'a pas réformée.

Les hommes qui sont au pouvoir y sont même hostiles. On a vu avec quelle difficulté M. Thiers a admis le principe du service obligatoire et avec quelle violence il a repoussé l'impôt sur le revenu. M. Jules Simon a tracé, dans son discours du 12 août, le programme du gouvernement : « Faire les mêmes choses avec une nouvelle énergie. »

Il y a donc un double résultat :

L'indécision des idées de nos hommes d'État entretient leur routine, et l'indécision des idées du peuple entretient leur puissance.

Mais, précisément parce que ni gouvernants ni gouvernés ne savent exactement ce qu'ils veulent, ils ont respectivement une ambition sans limites.

Les gouvernants prétendent que rien

ne se fera en dehors d'eux ; qu'il n'y aura pas une idée n'émanant pas d'eux ; que pas un geste, un mot, un cri, un souffle ne doivent se produire sans qu'ils soient dirigés, soufflés, poussés par eux.

Les gouvernés répondent :

— Soit ; mais nous voulons la lune, il faut nous la décrocher. Nous voulons des alouettes toutes rôties ! il faut qu'elles nous tombent dans la bouche !

Et si les gouvernants disent :

— Nous ne pouvons pas,

Les gouvernés répondent :

— Eh bien ! qu'est-ce que vous faites donc ? Mais vous trahissez. Vous êtes des coquins. Vous mentez à votre métier.

Les gouvernés mettent alors les gouvernants à la porte, et gouvernés et gouvernants recommencent la série.

Le peuple aime mieux faire une révolution que poursuivre le triomphe d'une réforme nettement déterminée.

L'État aime mieux s'exposer à une révolution que de tenter une réforme.

IX

La théorie et la pratique.

Le peuple charge l'État de tout faire. L'État accepte volontiers la charge de tout faire. Il va même plus loin : il veut empêcher l'individu de faire quoi que ce soit, sans qu'il y mette la main.

Le peuple, chargeant l'État de tout faire, lui dit :

— Je veux.

L'État répond, en haussant les épaules:

— Mais c'est insensé !

Le peuple voit le but et ne voit pas les

obstacles. Il les regarde par le gros bout de la lorgnette.

L'État tourne la lorgnette, et alors il voit les obstacles si gros qu'il n'aperçoit plus le but, et il conclut :

— Il n'y a rien à faire !

— Mais si ! dit l'opinion publique : en Angleterre, aux États-Unis, il y a, par exemple, la liberté de la presse, de réunion, d'association.

— Non, dit l'État.

— Mais vous la réclamiez, monsieur Émile Ollivier, quand vous étiez dans l'opposition; mais vous l'avez réclamée, monsieur Thiers, dans votre discours sur les libertés nécessaires.

L'État répond :

— Cela est bon en théorie, mais non pas en pratique.

Qu'est-ce qu'une théorie ?

« Une théorie, c'est un ensemble de règles pratiques », a dit Kant.

Tout est théorie. Vous vous mouchez d'après une théorie. Vous tenez votre fourchette d'après une théorie.

Quand vous dites : cela est bon en théorie et mauvais en pratique, cela prouve
simplement que vous avez deux théories :
une bonne que vous n'appliquez pas, et
une mauvaise que vous appliquez sans
oser la reconnaître.

D'autres ont des théories qui, au premier
abord, paraissent complétement opposées
les unes aux autres. Approchez: vous les
trouverez identiques. Les conservateurs et
les utopistes se croient ennemis. En réalité, ils sont frères jumeaux.

X

Les utopistes.

Rousseau était un utopiste : le passage suivant le prouve :

« Celui qui ose entreprendre d'instituer un peuple doit se sentir en état de changer pour ainsi dire la nature humaine, de transformer chaque individu qui, par lui-même, est un tout parfait et solidaire, en partie d'un plus grand tout dont cet individu reçoit en quelque sorte sa vie et son être... Il faut qu'il ôte à l'homme ses forces propres, pour lui en donner qui lui soient étrangères, et dont il ne puisse faire usage sans le secours d'autrui. »

Voici, en deux mots, à quoi se réduit cette doctrine : « L'homme n'est pas parfait : changeons la nature humaine. »

Donnons, en un mot, aux hommes d'autres organes, d'autres facultés, d'autres forces que ceux qu'ils ont ; faisons-les marcher sur la tête si cela nous plaît ; dotons-les de dix doigts à chaque main ; grandissons-les de vingt-cinq pieds.

Vous haussez les épaules : pourquoi donc ? Il n'est pas plus difficile de changer la nature physique de l'homme que sa nature intellectuelle et morale, puisque celle-ci n'est que la conséquence de la première.

Les utopistes en matière sociale appartiennent tout simplement à la race des inventeurs de mouvement perpétuel.

Ceux-ci ne commettent qu'une petite erreur, mais elle est capitale : ils croient que l'homme peut *créer* de la force.

Or, l'homme ne crée pas de force : il utilise telle ou telle force plus ou moins habilement : voilà à quoi se borne le rôle de l'inventeur.

L'homme ne crée pas de matière non plus : il se borne à utiliser la matière existante.

Bacon a dit cette grande parole, base de toute méthode : « On ne triomphe de la nature qu'en obéissant à ses lois. »

L'utopiste se dit : Je changerai ses lois. Il construit sa machine. Il lui dit : Marche ! la machine reste immobile. Il frappe du pied, et il prononce un mot qu'il croit cabalistique. La machine reste immobile. Il essaie de la mettre en mouvement : il la brise.

Il se fâche alors contre la nature. Il lui dit : « Tu ne vaux rien ! »

— Eh ! mon ami, tu as voulu te mettre au-dessus de la nature : elle a refusé de t'obéir : ne t'en prends qu'à toi-même. Dans ton orgueil insensé, tu as dit : Je la changerai. Elle te résiste !... tu n'as même pas la ressource de dire comme Antony : « Je l'ai assassinée ! »

La plupart des utopistes sont d'excellentes gens, mais ce sont des Pangloss à l'envers.

— Tout est pour le pis dans le pire des mondes possibles, disent-ils.

Partant de cette idée, ils concluent qu'il n'y a qu'une seule chose à faire : — C'est de changer complétement le monde, sans tenir compte des lois qui le régissent.

Ils se créent alors une idée subjective de la justice, et, pour réaliser cet idéal, ils ne s'inquiètent point de la réalité, et ils créent une Icarie qui sort, armée de toutes pièces, de leur cerveau. Ils enferment dans trois ou quatre formules simples les rapports complexes de la société. Semblables à ces mathématiciens qui, partant d'*a priori*, ne s'inquiètent point de l'expérience et, en oubliant quelque coefficient, arrivent à l'absurde ; ils plient la nature aux règles qu'ils inventent.

Si un homme positif intervient et montre que l'observation donne un résultat en contradiction absolue avec leur théorie, ils l'excommunient, le maudissent, déclarent qu'il est un traître à l'humanité, le

flétrissent de quelque épithète qui le signale à la haine. C'est ainsi que les utopistes de la période de 1830 ont flétri les
économistes du nom de Malthusiens, parce
que Malthus avait eu le malheur de donner
une loi de la population qui contrariait
leur manière de voir les choses. La loi de
Malthus n'est pas rigoureusement exacte,
parce qu'elle ne tient pas compte de l'uti-
lisation de plus en plus grande des forces
naturelles ; mais le déclarer coupable pour
l'avoir formulée, c'est rendre coupables de
tous les accidents occasionnés par des
chutes les physiciens qui ont le mauvais
goût d'admettre la loi de la gravitation.

Il est certes commode et agréable de
rêver la suppression de tout ce qui nous
gêne et nous déplaît ; mais, tandis que
l'astrologue marche, les yeux fixés sur sa
chimère, il trouve un puits qui le rappelle
à la réalité.

Il est commode de créer un monde spé-
cial, particulier, en dehors de toutes les
conditions normales de l'humanité, et de
dire : Voilà ce qui doit être ; mais cela ne

suffit pas : il ne faut pas seulement s'occuper de ce qui doit être, mais encore de ce
qui peut être.

« On ne triomphe de la nature qu'en
obéissant à ses lois. » Voilà la règle que
jamais nul ne devrait oublier : malheureusement, c'est la seule dont ne se préoc-
cupent pas les rêveurs de chimères sociales et leurs malheureux adeptes.

Alors, ils en arrivent à cette conclusion bien simple, à la conclusion de
Rousseau : « Donnez-moi de la pâte
humaine : j'en ferai ce qui me conviendra ! et ce sera parfait ! »

Et comme conséquence logique, tous
se mettent en quête d'un bon despote qui
applique, à son peuple, de gré ou de
force, les formules de bonheur qu'ils ont
rêvées.

Tous les utopistes concluent au despotisme, parce qu'ils savent bien que, par
la liberté, les sociétés arriveront à l'ap-
plication des lois qui régissent la nature
de l'homme, et qu'eux ont pour but la violation de ces lois.

Alors ils tournent tous leur regard vers le gouvernement : les uns essayent de le prendre pour complice ; les autres essayent de prendre possession de l'État, de gré ou de force, pour appliquer leurs théories.

Ils déclarent même avec une étrange naïveté : — Oui, nous voulons une dictature : notre œuvre accomplie, nous donnerons la liberté.

Leur bonne foi est leur excuse : ils croient qu'on séquestre ou qu'on donne la liberté, comme une denrée quelconque.

Proudhon, malgré ses tendances individualistes, égaré par la méthode dialectique, disait à l'Assemblée de 1851 : — Prenez la dictature ; et que cette dictature soit le suicide du gouvernement et l'avénement de l'an—archie.

Son conseil fut suivi par Louis-Napoléon Bonaparte, président de la République.

Il commença par prendre la dictature, et, ensuite, il annonça qu'il rendrait la liberté quand il aurait sauvé la société.

Il avait même créé un terme pour exprimer cette idée : il l'appelait le « couronnement de l'édifice. »

Nous savons comment il a sauvé la société et comment il a couronné l'édifice impérial.

Il est vrai que les conservateurs l'ont puissamment aidé, parce qu'il leur promettait « l'ordre. »

XI

Les conservateurs.

Or, les conservateurs ne sont que des utopistes à rebours.

Nous avons défini les utopistes : des Pangloss à l'envers : les conservateurs sont des Pangloss à l'endroit.

Avec le héros de Voltaire, ils disent :

« Tout est pour le mieux dans le meilleur des mondes possibles. »

Volontiers ils déclarent que tout est indispensable. N'allez pas leur dire qu'il y a peut-être quelque petite réforme possible : ils vous déclareront que vous êtes un perturbateur.

Pour eux, « l'ordre n'est point l'expression de rapports nécessaires qui résultent de la nature des choses ; » pour eux, l'ordre, c'est ce qui est, tout ce qui est sans exception, rien que ce qui est.

N'allez point leur dire que l'état de choses actuel peut être parfaitement en dehors des rapports de la nature humaine. Ils vous répondront : cela est parce que cela est, et cela est bien parce que cela est.

Si vous leur dites, par exemple : l'esclavage est une violation de cette loi naturelle : la propriété personnelle de l'individu sur lui-même ; ils vous répondront : — Il y a des esclaves ; cela ne peut pas être autrement, puisque cela est : et du moment que vous ne trouvez pas que l'esclavage est une chose excellente et sacrée, nous allons vous bâillonner.

C'est là l'éternelle histoire de tous les conservateurs, de tous les pays, à toutes les époques.

C'est un brave homme, au fond, le con-

servateur : seulement, que voulez-vous?
lui, il est heureux. Il vit dans son petit
horizon qui lui convient parfaitement. Il
a trouvé en naissant un lit bien douillet
de priviléges, sur lequel il s'est mollement
couché. Il y passera sa vie, trouvant que
rien ne vaut sa paresse. Il ne regrette pas
le passé : il redoute l'avenir ; il se con-
tente du présent, à la condition que nul
bruit ne vienne l'importuner. Ce qu'il
demande, à grands cris, c'est la garantie
de son repos et de ses priviléges. Qu'un
homme vienne lui assurer qu'il empê-
chera les opprimés, les novateurs, les
impétueux, les ardents, tous ceux-là qui,
dévorés d'activité, sont à la recherche du
mieux, de venir troubler le cloaque où il
se tient tapi, il lui donnera de suite sa
confiance. Il a une formule encore plus
simple que celle de l'utopiste : pour lui,
l'ordre étant ce qui existe, le meilleur
gouvernement est celui qui lui semble
pouvoir se maintenir avec plus de force.
Comme il sent bien que cet ordre, violation flagrante des lois naturelles, tend

sans cesse à se désagréger, à se décom-
poser, à disparaître et à se transformer,
il cherche la machine la plus solide pour
comprimer les éléments en lutte.

Cette machine, malheureusement pour
lui, depuis le temps qu'il la cherche, est
encore à trouver. Le conservateur ne s'est
pas aperçu d'une toute petite chose, mais
qui a son importance ; c'est qu'il est toujours la dupe de son système. Il se croit
fort : il n'est pas un fait humain qui n'ait
démenti cruellement son optimisme. C'est
le Georges Dandin du progrès, l'éternel
trompé, l'éternel bafoué. Il croit que le présent lui appartient : au moment même où il
parle, ce présent lui échappe, lui glisse
dans la main et le nargue ; il appelle à son
secours : il cherche partout un geôlier
qui enferme le maudit progrès. Le geôlier
vient, se fait bien payer par le conservateur : il essaye en général de s'acquitter
de son rôle en conscience : pendant ce
temps, le progrès passe par le trou de la
serrure, par le dessous de la porte ; il
voltige, bourdonne autour du malheureux

geôlier et du non moins malheureux conservateur : et puis un beau jour, ceux-ci ahuris, épouvantés, pris de vertige, subissant le *delirium tremens* de l'impuissance, se jettent dans quelque abîme d'où ils ne sortent plus. Ils laissent malheureusement une nombreuse postérité qui recommence à nouveaux frais et subit les mêmes malheurs.

Voyez ce qu'ont conservé les conservateurs depuis un siècle.

La monarchie de droit divin est tombée sur l'échafaud, et avec elle tous les priviléges de la noblesse et du clergé.

Une nouvelle société survient : la bourgeoisie, qui était révolutionnaire en 89, devient conservatrice. Eh bien ! depuis ce temps, à travers des fortunes diverses, en passant par des phases dont je ne me dissimule ni les inégalités, ni les difficultés, ni les périls, la démocratie n'a pas cessé de grandir, et, en grandissant, de menacer chaque jour de plus en plus les priviléges des conservateurs.

Mais les conservateurs forment une es-

pèce à part dans la société : et cette espèce durera autant qu'elle ; seulement,
en vertu de la concurrence vitale, les
conservateurs de chaque époque sont
condamnés a en être les victimes. Ce sont
eux qui forment la stratification du progrès.

Les conservateurs ont l'instinct de leur
faiblesse : de là leur fureur, leur férocité,
leur rage.

Ils ont envie de dormir : et le progrès
fait un vacarme d'enfer, et les saisit, et
les roule, et les entraîne, et les broie, s'ils
lui résistent.

Alors ils inventent toutes sortes de
combinaisons pour le faire dérailler.

Quelquefois ils réussissent : et quand
ils voient leur œuvre de destruction, et
qu'ils n'entendent plus que des soupirs
et des râles, ils se disent : — Nous avons
fait de « l'ordre » !

Ils ont fait de la stupeur et créé des
vengeances.

XII

L'ordre.

Il y a toutefois une différence entre ces deux sortes de rêveurs qu'on appelle : les uns, des utopistes ; les autres, des conservateurs.

Il est vrai que leur aberration est égale, et qu'elle a la même origine : la négation des lois naturelles.

Mais les utopistes sont de braves gens, en général, désintéressés, qui, frappés vivement des maux dont souffrent les opprimés, placent haut leur idéal de justice et disent : Tout est mal ; changeons tout.

Quand nous aurons tout changé, nous aurons créé « l'ordre ». Notre système est parfaitement arrangé dans nos cerveaux : sur le papier, il a bonne mine ; je vois d'ici Cabet contemplant naïvement son Icarie.

Le conservateur, lui, n'a point de ces sentimentalités. C'est un homme fort. Il se moque beaucoup des pitiés naïves. Il raille volontiers les imbéciles qui souffrent des maux des autres, et ne voyant que les avantages dont il jouit : Tout est bien ! dit-il. Gardons tout.

« L'ordre », c'est la conservation de ses priviléges.

Il n'ose le dire : mais voilà la vérité.

Or, comme tout privilége est la négation des lois naturelles, il ne peut être maintenu que par la force qui en est également la négation.

Donc, pour les conservateurs, « l'ordre, c'est la force. »

Ainsi, le lendemain du 2 décembre, Napoléon III représentait « l'ordre » parce

qu'il était la force. Il eût échoué, comme
à Boulogne ou à Strasbourg, qu'il n'eût
plus été qu'un misérable insurgé.

Il avait commis un crime : mais il promettait aux classes privilégiées non-seulement de ne pas détruire leurs priviléges,
mais encore de les agrandir ; pendant
vingt ans, cet homme personnifia « l'ordre ».

« L'ordre, j'en réponds ! »

Voilà son grand mot. « L'ordre », c'é-
taient les pontons, Lambessa, Cayenne, les
mitraillades du boulevard Montmartre, la
loi de sûreté générale : c'est-à-dire la suppression absolue de toutes les garanties
de la liberté individuelle.

« L'ordre », c'était le silence absolu
sauf pour les louanges du maître, la suppression de la presse, l'éparpillement des
citoyens à coups de terreur, la protection
des sicaires par l'article 75, c'est-à-dire la
suppression de tout contrôle.

« L'ordre », c'était la vie de la nation
éteinte au profit de la vie d'un seul
homme et de ses complices ; point d'au-

tre lumière, point d'autre volonté, point d'autre intelligence que cet homme. Dans l'ombre, des automates marchant sous le bâton des argousins !

Et si cet homme avait eu soin de justifier par le succès sa dernière entreprise, il représenterait encore à l'heure actuelle « l'ordre ».

Oh ! les conservateurs sont de facile composition. Ils ne sont point difficiles sur la nature ni la qualité de leur « ordre ».

Pourvu qu'il se présente sous la forme d'obstacle au progrès, c'est tout ce qu'ils réclament.

Leur « ordre » est, en même temps, féroce. C'est au nom de cet « ordre » que s'accomplissent toutes les persécutions et toutes les réactions.

Le crucifiement du Christ, l'empoisonnement de Socrate ; dans la Rome antique, les persécutions religieuses contre les chrétiens ; sous le gouvernement de la Rome catholique, le massacre des Albigeois, de la Saint-Barthélemy, les dragonnades des Cévennes, l'Inquisition, toutes les tueries célèbres dans lesquelles se sont vautrées les réactions sociales et politiques : c'est « l'ordre », de « l'ordre » du meilleur aloi.

Le conservateur n'a même confiance dans la bonté de « l'ordre », que lorsqu'il le voit terriblement armé et les mains rouges de sang.

Comme il sait que son « ordre », ne peut résister à la nature, il n'a de confiance pour le maintenir que dans la violation de toutes les lois naturelles.

Sa grande prétention est de faire de « l'ordre avec du désordre ».

En réalité, il perpétue le désordre et l'augmente ; mais il ne fonde rien, parce qu'il veut créer de l'ordre et que l'ordre ne se crée pas plus que le niveau de l'eau. Il s'établit en vertu de certaines lois dont quelques-unes sont très-bien connues, dont quelques autres sont encore à connaître ; et « l'ordre » des conservateurs est la négation de ces lois.

Mais alors, ceux contre lesquels cet

« ordre » est établi, ne voyant que la force qui les écrase, croient qu'elle est la seule solution de leurs maux.

De là, la guerre sociale en permanence; le conservateur vit tranquille, en disant : « L'ordre existe puisque j'ai la force ».

Ah ! Joseph Prudhomme, c'est le cas de prononcer ta phrase célèbre : « Le char de l'État navigue sur un volcan ! » et l'explosion sera d'autant plus formidable que la compression aura été plus forte et aura duré plus longtemps.

XIII

La raison d'État.

Les conservateurs établissent cet ordre au nom de la « raison d'État ».

Cette « raison d'État » est quelque chose de très-vague, de très-élastique, dont la définition n'a jamais pu être bien précise, mais dont les effets sont parfaitement connus et malheureusement fort sensibles.

Ce mot « raison d'État » a été inventé par les gouvernements pour se donner le droit de déraisonner d'une manière absolue.

A l'abri de ce mot, ils peuvent commettre toutes les sottises, toutes les fautes, tous les crimes, violer tous les droits, et c'est ce qu'ils ne manquent pas de faire.

L'ancienne monarchie n'a jamais gouverné qu'à l'aide de la raison d'État, et, comme Louis XIV avait dit : « L'État c'est moi », il en résultait que la raison d'État n'était que la raison du roi.

Mais il croyait à sa mission providentielle : il avait auprès de lui des courtisans épiscopaux comme Bossuet, qui faisaient la théorie de son droit divin, qui lui déclaraient que les rois étaient faits pour ordonner et les peuples pour obéir ; d'autres qui, sans se donner la peine de faire de l'érudition, montraient à Louis XV, enfant de cinq ans, le peuple du haut d'un balcon et lui disaient : « Sire, tout cela est à vous ».

Le roi se considérait comme un bon berger, et regardait le peuple comme un troupeau qu'il devait élever, conduire et

manger comme il l'entendait ; il n'oubliait
qu'une chose, c'était de l'engraisser.

Le landgrave de Hesse vendait ses sujets
à l'Angleterre comme soldats, dans la
guerre d'Amérique, et, en 1775, il écrivait
à un de ses officiers :

« Vous ne pouvez vous figurer la joie
que j'ai ressentie en apprenant que, de
1950 Hessois qui se sont trouvés au combat, il ne s'en est échappé que 345 ; ce sont
justement 1650 hommes de tués et, partant, 643,000 florins que la trésorerie me
doit suivant notre convention. La cour de
Londres objecte qu'il y a une centaine de
blessés qui ne doivent pas être payés
comme morts, mais, j'espère que vous
vous serez souvenu des instructions que
je vous ai données à votre départ de Cas-
sel, et que vous n'aurez pas cherché à
rappeler à la vie, par des secours inhu-
mains, des malheureux dont vous ne pouvez
sauver les jours qu'en les privant d'un
bras ou d'une jambe. »

Quand le troupeau avait des velléités
d'indépendance, quand il y avait des bre-

bis qui faisaient l'école buissonnière dans
une religion ou dans des idées qui ne plai-
saient pas aux souverains, le roi chargeait
ses bons chiens de les ramener dans la
bonne voie.

Machiavel est le zootechnicien de ces
élevage des peuples.

On l'a accusé d'être immoral, parce que
la monarchie est immorale et que Machiavel est vrai.

Ce qui est immoral, c'est la duperie
derrière laquelle on a masqué perpétuel-
lement la royauté aux yeux du peuple.
Des gens naïfs ou perfides présentaient
comme idéal au peuple un bon roi, un bon
prince. Machiavel, qui a étudié l'anti-
quité et qui a vu de près des organisations
politiques développées, jette loin de lui
toutes ces berquinades, ces idylles monarchiques.

« Un prince ne doit, ne peut avoir qu'un
but, dit-il brutalement : son intérêt. Or,
son intérêt étant la négation de tous les
autres intérêts, la violation du droit naturel de tout homme, il ne peut le servir

que par la ruse ou la force. Un bon prince ne doit craindre aucune infamie et ne reculer devant aucun crime ».

L'idéal, c'est César Borgia ! voilà un homme qui « sait faire et défaire les hommes », à l'aide du poignard et du poison.

Le bon prince, ayant le même but que l'oiseau de proie, doit avoir la même conscience ; de son repaire, il plane au-dessus de la foule. Son repos est le choix de ses victimes ; son action, leur perte. L'homme est à lui ce que la mauviette est au vautour. Mangeur d'hommes, ogre toujours en appétit, les dents longues, en quête de goinfrerie, il va au crime comme le tigre au carnage, et il couvre l'infamie des moyens et l'horreur du résultat de ce grand mot : la raison d'État.

Pour qu'il achève son œuvre, engraissé par le mensonge, il faut qu'il continue à mentir, en essayant de faire croire au peuple opprimé par lui, que c'est pour son bien !

Remarquez bien que ce sont surtout les

écrivains monarchiques qui ont jeté l'anathème sur Machiavel.

Les rois ont appliqué ses maximes en maudissant ou même en réfutant leur auteur : c'eût été le meilleur conseil qu'il eût pu leur donner.

On dit que Machiavel n'avait pas destiné son livre à la publicité : je le crois, car ce manuel à l'usage des princes risquait d'apprendre aux peuples qu'ils n'étaient que des dupes.

L'habileté des prêtres et des rois a surtout consisté à persuader au peuple qu'ils lui étaient indispensables ; et il est arrivé qu'à force de le dire aux autres, ils ont fini par devenir eux-mêmes les dupes de leur mensonge.

Voyez Louis XVI. Au fond, ce n'était peut-être pas un méchant homme ; mais la raison d'État ordonnait par la bouche des favoris, des favorites, des courtisans et des courtisanes qui grouillaient à la cour ; pour leur agrément, ce bon roi signait des lettres de cachet, supprimait de la société un individu quelconque qui avait déplu à quelqu'un : raison d'État ! la Bastille en était le symbole !

Le jour de sa chute, Louis XVI dit :

— Mais c'est donc une révolution !

Ce n'était pas de sa faute à ce brave homme ; mais il ne comprenait pas d'autre manière de gouverner que la raison d'État !

Cette conviction était si profondément gravée dans son esprit, qu'à ses yeux, elle devait l'absoudre de tous ses faux serments, de l'appel à l'étranger. Il n'avait, du reste, fait que suivre l'exemple de Charles Ier.

Dans son testament, il dit tranquillement : « Je ne me reproche aucun des crimes qui sont avancés contre moi ».

Il ne nie pas les crimes : seulement il se croyait le droit de les commettre au nom de la « raison d'État ».

Et, singulière fatalité des choses, il était guillotiné par cette « raison d'État », que lui et ses ancêtres léguaient à la nation sous le nom de « salut public ».

XIV

Le salut public.

Malesherbes, intercédant auprès de Louis XVI pour les protestants, celui-ci répondit : « La loi suprême est le salut de l'État ».

C'est la phrase de la Convention, la phrase de Rousseau ; Louis XVI avait formulé lui-même l'arrêt qui le tua.

— La loi suprême est le salut public.

Dans l'idée monarchique, le roi personnifiant l'État, la loi suprême, comme nous l'avons dit, était la volonté du roi ; dans l'idée du contrat social, de la souveraineté du peuple, la loi suprême, le salut public appartient ou à la majorité de ce peuple, ou à ses délégués ; la délégation de la volonté du peuple peut être donnée à un homme, à un César, à un Bonaparte ; et nous voyons ainsi l'idée monarchique de Richelieu, de Mazarin, de Louis XIV, aboutir au même résultat que l'idée de Rousseau, de Robespierre et des Jacobins.

« Le traité social, dit Robespierre, a pour fin la conservation des contractants. Qui veut la fin veut aussi les moyens, et les moyens sont inséparables de quelques risques, même de quelques pertes. Qui veut conserver sa vie aux dépens des autres doit se donner aussi pour eux quand il faut. Or, le citoyen n'est plus juge du péril auquel la loi veut qu'il s'expose ; et, quand le prince lui a dit : « Il est expédient « à l'État que tu meures », il doit mourir, puisque ce n'est qu'à cette condition qu'il a vécu en sûreté jusqu'alors et que sa vie n'est plus seulement un bienfait de la nature, mais un don conditionnel de l'État ».

Or, « la volonté générale ne peut errer. — Le souverain est toujours ce qu'il doit être ».

Par conséquent, toutes les tyrannies, toutes les injustices, tous les crimes, sont justifiés par la volonté générale, au nom de la liberté.

Les théoriciens de la Révolution avaient reçu de tout le passé cette idée. Une secte, les Jacobins, eut le courage de la pousser jusqu'à ses dernières conséquences ; un homme, Robespierre, l'incarna en lui, parce que, d'une logique froide, il n'était retenu par aucun de ces sentiments, de ces passions, de ces faiblesses humaines qui épouvantèrent les autres, devant leur œuvre, Danton et les Girondins.

Ce furent les Girondins qui, en réalité, fondèrent la Terreur, le jour où, l'Assemblée législative apprenant les menées des missionnaires dans l'ouest, les intrigues des émigrés réunis à Coblentz, Vergniaud et Isnard demandèrent des mesures rigoureuses contre les émigrés et les suspects ;

ils fondèrent la Terreur le jour où ils or-
donnèrent le désarmement des suspects ;
ils fondèrent la Terreur le jour où ils pro-
clamèrent la patrie en danger ; ils fondèrent la Terreur le jour (13 juillet 92) où
Vergniaud, dans un discours plein d'une
sanglante ironie, demanda la déchéance
royale.

Ce jour-là même, l'évêque Torné, de-
vançant Robespierre, proposa l'établissement d'une dictature.

Les Girondins, comme la royauté,
comme Robespierre, comme la République, devaient périr victimes de cette loi
de salut public, minotaure destiné à dé-
vorer tous les partis à tour de rôle, jusqu'à ce qu'il eût dévoré la nation elle-
même.

C'est toujours cette loi sociale que nous
avons déjà constatée en étudiant les
moyens de gouvernement des prétendus
conservateurs : la réciprocité de la violence.

« La terreur, dit Benjamin Constant,
causa la révolte de Lyon, l'insurrection

des départements, la guerre de la Vendée, et pour soumettre Lyon, pour dissiper la coalition des départements, pour étouffer la Vendée, il fallut la Terreur. »

Et la Convention était cependant libérale ; car, représentant la majorité de la nation, identifiée avec elle, c'était pour la rendre libre qu'elle la jetait dans la servitude.

Cette idée du droit au despotisme qu'a tout gouvernement, persiste avec une telle intensité en France, que nous avons entendu tous les gouvernements qui lui ont succédé, déclarer qu'ils étaient libéraux alors qu'ils supprimaient toutes les libertés.

La Convention avait une excuse au moins : son ardent amour du progrès, son patriotisme, la foi dans son œuvre, l'espoir dans l'avenir, la confiance qu'elle défendait bien réellement le salut public. Les gouvernements qui lui ont succédé, sachant parfaitement qu'un hasard ou un crime les avait superposés seulement à la nation, croyaient tout simplement qu'ils défendaient leur intérêt particulier.

L'intention diffère, le résultat est le même : tous voilent la statue de la liberté au nom de la raison d'État et du salut public, et le 8 février 1871, nous avons vu tous les débris du passé qui n'admettent pas qu'on prononce seulement devant eux le nom de la Convention, former quoi ? une Convention blanche.

XV

Il faut être politique.

Il est vrai qu'en ce moment, on se sert d'un mot moins usé et moins effrayant que celui de salut public ou de raison d'État.

On dit : Il faut faire de la politique. Dans sa brutalité, Napoléon 1er disait :

— La politique, c'est jouer aux hommes.

Il y a du vrai dans cette définition ; ceux qui se prétendent politiques ne cherchent guère en définitive qu'à conduire une nation à un but qu'ils voient, et qu'elle ne voit pas, ou bien où elle ne veut pas aller.

Machiavel est le plus grand et le plus fort des politiques.

Alors pour les politiques, les principes ne sont rien, le succès est tout.

Ils ne voient point les faits au point de vue du droit : ils ne les voient qu'au point de vue de l'utilité, avec un certain scepticisme qui résulte forcément de l'habitude de n'avoir point de critérium inflexible.

Ils disent avec Macaulay : « L'essence de la politique est la transaction ».

Ils ajoutent avec Burke : « C'est un compromis entre le bien et le mal, entre un mal et un autre mal ».

Alors, n'ayant jamais les yeux fixés sur un principe, pilotes sans boussole, ils s'en vont à la dérive de tous les événements, et sous prétexte de faire de l'utilité immédiate, ils ne font que du mal.

Certes, j'admets parfaitement que toutes les questions ne présentent pas la

même importance à un moment donné :
je suis prêt à reconnaître qu'il y en a de
capitales et d'autres secondaires ; que
celles-ci peuvent être laissées dans l'ombre, afin de concentrer toute la lumière
sur les autres, mais je ne vais pas plus
loin, et je dis avec Benjamin Constant :

« Un principe reconnu vrai ne doit jamais être abandonné quels que soient ses
dangers apparents ».

Ou bien vous retombez dans les mesures de salut public, de raison d'État. En
voici quelques exemples :

Le gouvernement provisoire de 1848, au
lieu de convoquer une Assemblée, se ren-
dit coupable d'une usurpation de cinquante jours, sous prétexte d'utilité politique : il engendra la réaction.

Sous prétexte de faire de la politique,
il créa d'un côté les ateliers nationaux ;
de l'autre, il augmenta l'armée et l'amena
à Paris : il fit les journées de juin.

Il crut faire de la politique en faisant
transporter en masse après ces journées ;
il a provoqué les six journées de mai 1871.

En 1870, Napoléon III qui n'aimait point la guerre, au fond, sachant qu'il n'y entendait rien, crut faire de la politique en se jetant sur la Prusse : il se détrôna et faillit perdre la France.

Je m'arrête : l'histoire, depuis le 4 septembre, me fournirait trop d'exemples.

Si vous prenez la politique comme l'art d'appliquer les lois de la science sociale ; si vous considérez que la politique est à la science sociale ce que la clinique est à la biologie, je suis, certes, partisan de la politique. Mais, si sous prétexte de politique, vous violez les lois de la science sociale, je me sépare de vous et vous traite de charlatans, ou qui pis est, de jésuites.

Les jésuites ont été les plus grands politiques du monde, car ce sont eux qui ont dit : « La fin justifie les moyens ».

Les rois qui comprenaient la politique, en étaient si bien convaincus, qu'ils ont tous eu des jésuites pour directeurs.

Et, en définitif, nous tournons toujours dans le même cercle qui a pour centre la raison d'État ou le salut public.

XVI

Du principe d'autorité.

Oui, nous sommes injustes ! oui, nous commettons des crimes ! mais nous les commettons au nom du principe d'autorité !

Et ce bon public, le public badaud, qui sent tout le poids du joug, reconnaît qu'il y a, en effet, un principe d'autorité.

Dans sa naïveté même, il déclare qu'il est essentiel. Il est vrai qu'il y a des gens qui font tout leur possible pour le lui prouver.

Tels furent de Bonald et de Maistre. Leur théorie est absolue : Dieu étant unique, la religion est unique, et le pouvoir émanant de lui est unique. Tout pouvoir est indépendant des sujets qui sont soumis à son action, car s'il était dépendant des sujets, l'ordre des êtres serait renversé : les sujets seraient le pouvoir et le pouvoir le sujet.

C'est l'idée résumée de la manière suivante dans les mémoires de Louis XIV :

« La volonté de Dieu est que quiconque est né sujet, obéisse sans discernement ».

Et dans l'édit de Louis XV, de 1770 :

«Nous ne tenons notre couronne que de Dieu ; le droit de faire des lois par lesquelles nos sujets doivent être conduits et gouvernés nous appartient à nous seuls, sans dépendance et sans partage ».

Nos modernes Césars trouvèrent que les peuples commençaient à devenir sceptiques à l'égard de cette volonté de Dieu. Napoléon III proclama qu'il était à la fois, en vertu de je ne sais quelle combinaison mystérieuse, « empereur par la

grâce de Dieu et la volonté nationale ».
C'est la mise en pratique de la fable de la
chauve-souris de La Fontaine.

D'un côté, Napoléon III était chargé par
délégation spéciale de la Providence de
faire le bonheur des Français et même
celui des Mexicains ; de l'autre côté, Napoléon III, à ceux qui auraient pu lui
dire : Montrez-nous votre mandat ! avait
comme réponse toute prête ses 7,500,000
voix plébiscitaires. Il était en règle avec
le droit divin et le droit social ; et, comme
Dieu se met toujours du côté des gros ba-
taillons, il n'y avait plus à douter qu'il ne
représentât dans toute sa plénitude le
principe d'autorité.

Puis il trouva un théoricien pour expliquer sérieusement au peuple ce prodige :
il est vrai que cet homme s'appelait M. de
Persigny.

Un tas de petits Persignys en sous ordre,
tous les laquais de la presse, regardant le
principe d'autorité et le voyant monstrueux, pléthorique, énorme, se dirent :
Il nous donnera bien quelque chose. Et

alors tous de lui faire la courbette, de le révérer, le vénérer, l'adorer, l'idolâtrer, l'encenser, le célébrer en vers et en prose; et tous de trouver de l'écho; et les conservateurs de toutes couleurs d'applaudir.

Avec notre tendance à nous forger des entités, nous admettons volontiers que le principe d'autorité a une existence propre, personnelle, particulière; qu'il vit, existe, mange comme un homme. Ah! oui, il mange, que dis-je? il dévore les peuples.

C'est pour cela que les partisans de la raison d'État, du salut public, déclarent que les peuples ne peuvent vivre sans lui.

XVII

Le droit social.

La raison d'État engendra le salut public.

Le droit divin engendra le droit social.

C'est toujours la même filiation.

Beaucoup qui se croient progressistes, ont tout simplement donné de nouveaux noms à de vieux préjugés.

Nous avons vu le droit divin et le droit social aboutir au principe d'autorité : c'est dire que le droit social n'est que le droit divin retourné.

Le droit social est une recette de ménage contenue dans un livre à publier : « L'art d'accommoder les restes politiques ».

Mais qu'est-ce que ce droit social ? Il est encore plus difficile à déterminer que le droit divin.

« Dieu est, disaient les partisans du droit divin. Si vous contestez, je vous livre à l'inquisition. » Évidemment, à cet argument, point de réplique.

Les partisans du droit social vous disent bien : « Vous contestez, donc vous êtes des rebelles » ; mais ils manquent du prestige nécessaire pour nous imposer silence, car nous pouvons leur répondre : — Nous faisons partie de la société ; par conséquent, nous avons notre part de droit social ; dites-nous au moins où ce droit commence et où ce droit finit.

Rousseau s'est chargé de nous l'expliquer, et nous avons déjà vu ce qu'il entendait par là ; c'est-à-dire le droit qu'a la société de faire tout ce qu'elle juge utile.

Et comme la volonté générale n'est que la volonté de la majorité, et comme cette volonté est déléguée à certains hommes, il en résulte que le droit social est tout simplement l'expression d'une majorité ou des représentants de cette majorité.

Si cette majorité veut faire marcher la minorité sur la tête, elle en a le droit.

Voilà la conclusion directe du droit social.

S'il en est autrement, qu'on nous dise quelle est la limite du droit social.

Je vous en défie, du moment que vous proclamez sa souveraineté.

Souvent, dans les réquisitoires des ministères publics, dans les discours des ministres de quelque régime que ce soit, je trouve ces grands mots : le droit de la société !

Avant de vous en servir, donnez-moi leur définition.

Ou ils ne signifient rien, ou ils ont la signification que leur a donnée Rousseau.

L'école historique allemande de Savigny ne dit pas autre chose en réalité, quand, dédaignant de s'occuper du droit, elle ne considère l'institution que comme un fait nécessaire. Le législateur, c'est le fatalisme ; le droit, c'est le caprice et le hasard.

M. Laboulaye, qui se prétend libéral, conclut, de son côté, absolument comme Rousseau :

« Nous n'admettons point de droit naturel. — Toutes les fois que la société, sans s'écarter de sa route providentielle, change de moyens, elle est dans son droit : en elle sont la source et l'origine du droit».

Où est la limite de ce droit ? où commence-t-il ? où finit-il ? A quels signes reconnaître qu'il est bon ou mauvais ? Si vous admettez ce droit social, de quel droit, au nom de quel principe condamnerez-vous tels ou tels actes de tel ou tel gouvernement? De quel droit, au nom de quel principe condamnerez-vous l'esclavage et le cannibalisme?

XVIII

La souveraineté du peuple.

— Au nom de la souveraineté du peuple ! me répond-on.

Nous l'avons vue à l'œuvre, cette souveraineté. Soit : continuons d'en examiner la nature.

Les peuples ont passé leur temps à créer des souverains. Puis, les souverains une fois créés, ils disaient au peuple : « C'est Dieu qui nous a créés ».

e peuple aurait pu répondre : C'est

la même chose, car, c'est moi aussi qui ai
créé Dieu. Mais il ne s'était pas encore
aperçu de cela.

Quelques hommes plus avisés, retour-
nant la question, se dirent : Mais pourquoi le peuple ne serait-il pas souverain
lui-même?

Il est vrai que cette souveraineté ne consiste guère que dans l'esclavage de chacun.
Elle est définie ainsi par Rousseau :
« L'aliénation totale de chaque associé
avec tous ses droits à toute la commu-
nauté ».

Cet esclavage n'a d'autre compensation
que la réciprocité.

Aussi, plus l'État s'agrandit, plus la
liberté diminue pour chacun, puisque la
liberté de chacun, n'étant que sa part de
souveraineté sur les autres, cette part diminue en raison de leur nombre. (*Émile*,
liv. V.)

Voilà à quoi aboutit la confusion que
fait Rousseau entre la souveraineté et la
liberté ; cette confusion est naturelle :
Dans l'Eglise, il n'y a qu'un seul homme

libre, sous la dépendance de Dieu, le pape ;
dans la monarchie absolue, il n'y a qu'un
seul homme libre, le roi.

De sorte que l'idée de liberté se présente
tout d'abord sous la forme suivante : un
homme libre est celui qui commande aux
autres.

Dans la civilisation antique, c'était la
différence existant entre les hommes libres
et les esclaves.

De sorte que tout naturellement, par
une anologie directe, on est porté à conclure que la liberté, c'est la souveraineté,
et que plus la souveraineté sera grande,
plus grande sera la liberté.

Et alors, on déclare que « la souveraineté
nationale ne peut jamais être injuste envers la nation, c'est-à-dire envers elle-
même ».

C'est très-bien quand on raisonne sur
une abstraction : on a créé une entité *à
priori*, on l'a appelée le souverain; le sub-
jectivisme l'accommode comme bon lui
semble.

Revenons à la méthode objective,

voyons les faits : le peuple, proclamé souverain ou non, exerce sa souveraineté ou la délègue, peu importe.

Si à l'unanimité, il est du même avis, il peut se tromper, mais nul ne peut se plaindre. Mais si de cette unanimité, j'ôte un seul citoyen, il y a d'un côté un souverain et de l'autre un esclave.

Rousseau a bien senti le péril de son système lorsqu'il a posé le problème dans les termes suivants : « Trouver une forme d'association qui défende et protége de toute la force commune la personne et les biens de chaque associé, et pour laquelle, chacun s'unissant à tous, n'obéisse pourtant qu'à lui-même et reste aussi libre qu'auparavant ».

Seulement il n'a pas résolu la difficulté, parce que du moment qu'il proclamait la souveraineté du peuple, il proclamait son despotisme.

Des habiles se sont fait déléguer le pouvoir par le plus grand nombre et n'ont laissé aux autres que la liberté de l'obéissance.

Les partisans du dernier empire sentaient si bien pour eux l'importance de ce dogme, que M. Dugué de la Fauconnerie s'écriait : « Le droit divin pour nous, c'est la souveraineté du peuple ».

Et le peuple, dans sa naïveté, ne sachant que faire de sa souveraineté, la déléguait à perpétuité à une dynastie.

Cependant malgré ces exemples, malgré les plébiscites, tous les partis, en ce moment, continuent à invoquer la souveraineté du peuple. Il y a des journaux légitimistes qui s'appellent journaux de « l'appel au peuple » ! Républicains et monarchistes sont unanimes.

L'Assemblée du 8 février déclare qu'elle est souveraine, souveraine absolue, car elle représente la souveraineté du peuple.

En réalité la souveraineté du peuple, c'est la liberté des gouvernants et l'esclavage des gouvernés (1).

_____

(1) Mais si vous n'admettez pas « la souveraineté du peuple » comme base du droit public, qu'admettez-vous donc ?

Je le dirai plus loin : mais, en ce moment, je me borne à faire le diagnostic de nos préjugés politiques.

XIX

Idée monarchique.

Droit divin, droit social, souveraineté du peuple, raison d'État, salut public, ces préjugés que nous venons de combattre sont tous, sous des formes diverses, les incarnations de la vieille idée monarchique : l'État providence.

Toute foule a besoin de constituer une unité sociale, de faire une synthèse qui réunisse ses croyances, ses instincts, ses aspirations ; elle ne forme une société qu'à cette condition.

Mais comme nos constructions subjectives reposent toujours sur des matériaux objectifs, il en résulte que, par analogie, elle personnifie ses idées, ses croyances, dans un être, Dieu ou roi.

C'est de cette manière que naissent les héros légendaires, Hercule et Thésée.

Il faut qu'un homme ait déjà un grand degré de développement intellectuel pour qu'il puisse concevoir et comprendre des abstractions pour elles-mêmes.

Lors de la mort de Paul Ier, empereur de Russie, les soldats qui avaient pris part au complot au nom de la Constitution, disaient à leurs officiers :

— Montrez-nous donc madame la Constitution ?

Ils avaient pu se soulever pour une femme inconnue, que leur imagination revêtait d'un certain prestige : ils ne se seraient pas soulevés pour obtenir des institutions qui n'auraient pas revêtu à leurs yeux une forme personnelle.

C'est là l'explication de toutes les enti-tés créées par le cerveau humain. Un roi n'est qu'une entité.

Machiavel, avec cette puissante péné-tration qui distingue son génie, l'avait deviné, s'il ne s'en était pas rendu compte. «Les sociétés, dit-il, commencent par la domination d'un homme éclairé qui sait incorporer en lui les besoins de la société qu'il représente, Romulus par exemple. »

Jean de Meung, dans un poëme du douzième siècle, a exprimé naïvement cette idée.

> Un grand vilain entre eux élurent
> Le plus corsu (le plus robuste) de quand qu'ils furent,
> Le plus ossu et le greigneur (le plus grand),
> Et le firent prince et seigneur :
> De là vint le commencement
> Des rois et princes terriens.

Ce prince, parce qu'il est le plus fort, le plus grand, parce qu'il représente les idées et les besoins de ses compagnons, est revêtu par leur imagination d'un ca-ractère religieux.

La crainte ne sert pas seulement à

maintenir le gouvernement autocratique;
il repose sur une base plus solide encore ;
le respect, la foi de l'homme dans l'entité
créée par lui.

« Le roi est une grande divinité », disent
les lois de Manou.

La religion est liée au sultan ; l'empereur de Russie est pontife, et la vénération
farouche dont est entourée la reine d'Angleterre, tient aussi au caractère sacerdo-
tal qui lui est attribué.

« Les rois sont choses sacrées » dit Bossuet. L'imagination des peuples, après les
avoir placés dans un sanctuaire, les y
maintient, déclarant que « tout attentat
contre eux est sacrilége ». Qu'un roi fasse
du bien, ou qu'il fasse du mal : qu'importe ? dans l'un et l'autre cas « on doit
le respecter avec religion ».

Le respect pour la personne royale
subsiste si longtemps chez les peuples, et
avec une telle puissance, qu'en 1413,
pendant la folie de ce malheureux Charles VI, le peuple ne songe ni à détruire le
pouvoir royal, ni à le transporter dans

une autre maison, pas même à une autre branche, « mais veut seulement amender la royauté, vient lui tâter le pouls, le médeciner gravement. L'hygiène appliquée à la politique n'avait rien d'absurde, lorsque l'État, se trouvant renfermé dans la personne du roi, languissait de ses infirmités, était fol de sa folie. » (Michelet.)

Aux États de 1614, le tiers état proclame encore la divinité de la monarchie : « Les rois sont dieux ».

Aujourd'hui, même en France, dans ce pays qui a tué un roi, qui en a chassé tant d'autres, il y a un culte attaché à la personne royale. Le peuple aime qu'on s'occupe de ses princes, n'est-ce que pour en dire du mal.

Il en fut de même en Angleterre, après l'exécution de Charles Ier. Macaulay observe que le préjugé monarchique était si bien enraciné dans l'esprit des populations que Cromwell était obligé de se faire presque roi pour donner de la stabilité au pays. Son fils lui succéda aussi tranquil-

lement·que n'importe quel prince de
Galles.

Le roi n'est pas un homme : il renferme
en lui toute la nation. Louis XV n'exprimait point seulement une idée orgueil-
leuse, mais il exprimait réellement l'idée
de tout le peuple, lorsqu'il disait au lit de
justice, tenu par lui, le 3 mars 1766, au
parlement de Paris : « L'ordre public tout
entier émane de moi : mon peuple n'est
qu'un avec moi ».

Il représentait l'unité de la nation : et
le peuple, dans son idéalisme, se person-
nifiait en lui. Il le voyait si haut qu'il le
croyait revêtu de toutes les vertus et de
tous les pouvoirs. Sentant les tyrannies
inférieures, il avait recours à lui, l'implorait dans ses prières, contre les commis
des fermes ou les gabelous, comme il
implorait Dieu contre la pluie ou la grêle.
Il le voyait, grand justicier, venant le
protéger, lui vermiceau, contre la tyrannie immédiate qu'il supportait. Pour
lui, l'ennemi, c'était le noble. En affai-
blissant la noblesse, Louis XI, Richelieu,

Louis XIV firent de la démocratie, cares-
sèrent les plus chers sentiments du peuple, lui donnèrent cet amer plaisir de la
vengeance, d'autant plus doux qu'il était
plus inespéré.

Le peuple ne comprenait pas, il ne pouvait pas comprendre que l'abaissement
de la noblesse augmentait la grandeur du
roi, en supprimant les points de compa-
raison; car lui-même était complice volon-
taire et enthousiaste de l'augmentation de
cette grandeur.

Du roi, il créait un dieu de justice. Ces
misérables, peints d'une si vigoureuse
manière par La Bruyère, rongeant leurs
racines, couchant dans leur tanière, ne
remontaient point à la cause réelle de
leurs maux; elle était trop haute pour
qu'ils pussent la voir.

Ils mettaient, au contraire, toute leur
confiance, tout leur espoir en elle; et se
résignant, sur l'échelle de la potence
dressée par elle-même, ils disaient:

— Si le roi savait!

Le roi, pendant ce temps, spéculait sur la famine du peuple.

Qu'importait ? le peuple aurait été tout prêt à dire ce que de Bonald devait formuler plus tard : « Un roi ne peut agir dans un intérêt contraire au peuple, parce qu'il est lui-même le peuple tout entier ».

Shakespeare avait déjà exprimé cette idée avec une énergique concision : « Quand un roi soupire, tout le royaume gémit ».

Le roi était la nation. Ce n'était point son peuple qui le nourrissait, c'était lui qui nourrissait son peuple.

Le roi est à Versailles ; à Paris, il n'y a pas de pain. S'il n'y a pas de pain à Paris, c'est que le roi est fâché contre son peuple et ne veut pas le nourrir. Allons le chercher ! Une fois qu'il sera avec nous, il nous nourrira.

C'est là toute l'histoire des journées des 5 et 6 octobre. Quand la foule ramène le roi et la reine à Paris, les femmes surtout qui, plus que les hommes, sentent les

misères du foyer, pleuraient de joie, en
criant :

— Voici le boulanger, la boulangère et
le petit mitron ! nous ne manquerons plus
de pain, maintenant !

Le lendemain le pain manquait : la
foule ne crut pas que ce fût possible, et
elle pendit le boulanger François.

Le pain continua à manquer : on guil-
lotina « le boulanger et la boulangère ».

Quand les Italiens et les Bas-Bretons
ont prié leur saint, si leur saint n'exauce
pas leurs vœux, ils l'injurient d'abord et
finissent par le briser.

XX

Les sauveurs.

L'idole est détruite, non le fétichisme.

Le roi est mort ! vive le sauveur !

Le besoin d'entités ne disparaît pas parce qu'une de ses expressions a été supprimée : il en cherche une autre et s'y incarne.

Le peuple croyait à tort, mais enfin il croyait que la royauté le protégeait contre la noblesse. Au-dessus du tyran de village, il voyait la grande figure du roi.

Son maître avait un maître : et le malheureux ne s'apercevait pas que lui-même en avait deux.

Il y avait au début trois forces en présence: la royauté, l'aristocratie, le peuple.

La royauté, en abaissant l'aristocratie, pour s'élever sur ses ruines, avait préparé le jour où le peuple et elle se trouveraient directement en présence. Ce jour-là, la royauté fut brisée.

Mais le peuple, en France, comme en Grèce, comme à Rome, épouvanté de se trouver seul, chercha un dictateur pour le représenter à ses propres yeux.

Le lendemain de la mort de Louis XVI, le peuple crée Robespierre ; Robespierre est un bon sauveur : il a la tenue, il a le respect religieux de sa personne ; ses opinions ne sont point trop élevées, ce sont bien les idées du parti populaire qu'il représente : il est si bien l'incarnation du moment qu'il arrive jusqu'au pontificat.

Mais il n'a pas donné au peuple ce que le peuple attendait de lui : le pain, le bien-être, la réalisation de ses espérances, et le peuple le laisse tomber avec indifférence le 9 thermidor.

Vient alors une période de réaction, de luttes en sens divers, de désordres ; il y a trouble, inquiétude. Un Directoire gouverne ; mais ce Directoire est composé de cinq hommes. Le peuple n'a point de personnalité à qui se rattacher, sur qui concentrer son attention, son besoin d'engouement. Un général, pendant ce temps, gagne ou perd des batailles, mais fait du bruit, du tapage, de la réclame, bat la grosse caisse, sait, en habile charlatan attirer l'attention sur lui ; il est en vue, occupe l'esprit public. Un jour, il a de l'audace, met les représentants de la nation à la porte, est acclamé dictateur en attendant qu'il soit salué empereur.

Le peuple éprouve toujours un grand plaisir à voir mettre ses représentants à la porte par un homme. Il y a là une satisfaction envieuse, analogue au sentiment qui le faisait aimer le roi, comme ennemi de la noblesse. Il aime mieux voir au-dessus de lui un seul homme plutôt que d'en voir plusieurs : et, à la fois, par une sorte de jalousie, par l'admiration stupide de la force, il est satisfait si un homme fort culbute [ses représentants du pavois sur lequel lui-même les avait élevés, et il est tout prêt à le mettre, non-seulement à leur place, mais encore au-dessus de ce qu'ils avaient jamais été.

Le peuple est simpliste, il ne voit et ne comprend qu'une chose à la fois ; jamais il ne sera parlementariste, il lui faut des solutions nettes ; les rapports complexes des choses fatiguent son attention. Il lui faut quelque chose de bien en relief, à couleurs crues, qui se voie de loin et dont le nom soit bref. Vienne un homme qui présente ces conditions, et qui s'aide un peu, le peuple s'empressera d'appliquer à son profit la théorie de Hobbes.

D'après Hobbes, la guerre est le perpétuel état de nature. Volontiers, le peuple qui voit de près les jalousies, les rivalités, les querelles qui grouillent au milieu de lui et qu'il enfante lui-même, se dit : « Il faut de l'ordre ».

S'il raisonnait juste, il se dirait :

« Mais puisque nous sommes tous d'accord pour vouloir de l'ordre, mettons l'ordre nous-mêmes ».

Non, cette solution est trop raisonnable. Il ne comprend que l'ordre sous la forme de servitude, et il se dit : « Aliénons tous nos droits à un maître qui mettra la paix. »

Il ressemble à une meute qui choisirait un valet de chiens et lui donnerait un bon fouet.

Il croit que ce maître ne se servira jamais de ce fouet que contre les mauvais, ceux qui troubleront l'ordre, contre les plus forts, les tyrans du chenil qui, s'ils mordent, auront au-dessus d'eux la punition sans appel. Les plébiscites impériaux se faisaient en haine des prêtres et des nobles. Dans la Dordogne, M. de Moneys a été assassiné, comme noble, à cause de son nom, sur le soupçon d'avoir crié : Vive la République ! qui représentait le désordre, au nom de : Vive l'empereur ! qui représentait l'ordre !

Chacun des plébiscites a été voté au nom de la paix. Les malheureuses dupes ne savaient pas que ces plébiscites faits par elles en haine des prêtres et des nobles, étaient en réalité faits au profit de ceux-ci et que, acclamés pour la paix, ils contenaient dans leurs flancs, à la fois la guerre étrangère et la guerre civile.

C'est la haine du despotisme immédiat qui pousse le peuple à se jeter dans le despotisme absolu : c'est le besoin de sécurité qui le pousse à se mettre à la merci du caprice d'un homme.

Mais un jour il s'aperçoit qu'il a pris un moyen allant directement contre le but qu'il poursuivait ; que les tyrannies locales, immédiates, contre lesquelles il voulait se préserver, sont tout simplement doublées du despotisme central ; que cette paix qu'il cherchait se résorbe en guerre ; que cette sécurité du lendemain, en faveur de laquelle il aliénait tous ses droits, dépend de la digestion du maître ou de la mauvaise humeur du favori ; qu'enfin cet être providentiel qui devait faire tomber la manne sur lui, lui a pris beaucoup d'argent; alors il culbute le sauveur qui ne l'a pas sauvé et en cherche un autre. Après l'empire de Napoléon III, les uns ont la République de M. Thiers, les autres ont la République de M. Gambetta ; les vieux monarchistes prétendent que la seule présence de Henri V serait une panacée universelle qui guérirait par miracle tous les maux et changerait l'eau des fleuves en or potable ; d'aucuns disent que les d'Orléans sauveraient la nation rien qu'en la regardant du haut d'un trône : tous invoquent, évoquent un homme ; on ne pense guère aux institutions.

C'est bien plus commode. Cette confiance dans un individu, comme nous l'avons déjà montré, est tout simplement le résultat de notre ignorance. — Vive quelqu'un ! c'est bientôt dit; tandis qu'elle est longue, l'étude raisonnée des moyens à employer pour gouverner un peuple. L'histoire grecque nous en donne un exemple frappant : tout d'abord, c'est e règne des héros, des rois absolus ;

puis l'expérience vient ; les peuples s'aperçoivent que les institutions sont préférables aux hommes. En France, nous sommes encore à l'Athènes de Thésée. Il faut que nous arrivions à l'Athènes de Clisthène. Et notre engouement, notre enthousiasme pour les procédés simples qui consistent à nous aliéner à un homme sont tels que nous allons jusqu'à aimer dans son gouvernement ce qui devrait nous le faire haïr davantage.

Nous l'aimons pour son arbitraire. Napoléon III a semblé grand, au lendemain du 2 décembre, parce qu'il est apparu aux yeux de la foule à travers la fumée sanglante des massacres du boulevard, chassant du geste de longues files de proscrits enchaînés.

Tous les conservateurs admirent M. Thiers, non point pour les réels services qu'il a rendus à la France, mais pour les quinze ou vingt mille hommes qu'il a laissé fusiller au mois de mai, et pour les quarante mille hommes qu'il a fait emprisonner.

Et vous trouverez de braves gens qui vous diront avec conviction : les Français ne sont pas gouvernables ! Victor Cousin, un homme d'ordre cependant, disait en 1851 (*Revue des Deux Mondes*, avril.) « La France n'est pas difficile à gouverner, elle ne demande qu'à l'être. »

C'est là son grand vice. Elle a la monomanie du gouvernement.

Chateaubriand raconte que sous la Restauration, les hommes habitués à l'absolutisme rapide de Napoléon Ier, ne trouvaient pas suffisant le despotisme du nouveau régime : « On n'administre pas, disaient-ils, cela n'ira pas, cela ne peut pas aller ».

Volontiers en France, administrer est synonyme de tracasser, d'opprimer.

Cela ne nous déplaît point : il y a si longtemps que nous y sommes habitués, que la liberté se transforme pour nous en nostalgie du despotisme.

XXI

Il faut un pouvoir fort!

— Il faut un pouvoir fort !

Joseph II, consulté par une dame sur les insurgents d'Amérique, répondit :

— Mon métier est d'être royaliste.

C'est une réponse de bonne foi : moi d'abord, le peuple après. Rien de plus juste dans la position de Joseph II.

Mais ce qui est difficile à comprendre, ce à quoi je ne suis parvenu que par l'analyse des divers sentiments et des diverses idées à laquelle je viens de me livrer, c'est que nous, citoyens, nous répétions, avec enthousiasme, cette formule inventée certainement par le trône :

— Il faut un pouvoir fort.

Vous figurez-vous un mouton demandant que le chien de son berger ait les dents plus longues et la morsure plus fréquente et plus violente ?

Vous figurez-vous le bœuf demandant un joug plus étroit et un aiguillon plus acéré ?

Vous figurez-vous un galérien demandant que sa chaîne soit plus lourde, que le bâton de l'argousin soit plus dur, que le bagne soit plus sombre ?

Eh bien ! badaud, niais, triple niais, quand tu répètes cette phrase : — Il faut un pouvoir fort ! tu es ce galérien, ce mouton, ce bœuf ! et tu mérites, pour ta sottise, toutes les étrivières qu'il lui plaira de te donner.

Et pourquoi veux-tu un pouvoir fort?

Un malheureux utopiste, devenu fou, craignant qu'on ne fût trop heureux au pays de ses rêves avait réservé aux rassasiés de bonheur le droit de se faire fouetter.

Crains-tu, toi aussi, d'être trop heureux, et est-ce pour rompre la monotonie de ta félicité que tu veux un pouvoir fort?

— Au contraire, me réponds-tu, c'est pour y arriver.

Examinons, en ce cas, quel bonheur ont jusqu'à présent dispensé à l'humanité les pouvoirs forts.

Cette idée qu'un bon despote peut rendre son peuple heureux, vient toujours de cette fausse idée, signalée dès la première page de ce livre, que l'homme peut créer de la force, du bonheur, quelque chose, et qu'un roi peut, plus que tout autre, procéder à cette création.

Il y a des gens qui parlent encore avec admiration, et les larmes aux yeux, des vertueux Antonins. Ce sont de bons despotes dans toute l'acception du mot. Quel bien ont-ils fait au monde? « Préservèrent-ils l'empire de sa chute? dit Chateaubriand. — Non. Il ne vint même pas à la pensée de ces bons princes qui gouvernèrent le monde romain de douter de la légalité de leur pouvoir, et de restituer au peuple les droits usurpés sur lui ».

Le plus grand bienfait qu'ils eussent pu donner au peuple romain, eût été de lui donner la liberté. Si c'est à rendre la liberté que servent les bons despotes, avouons qu'il serait bien plus simple de s'en passer.

Louis XIV, voilà l'idéal de l'absolutisme. Voici le jugement de l'histoire : « Ce règne éclatant... où l'État s'appauvrissait par des victoires, tandis que l'État se dépeuplait par l'intolérance ».

Louis XVI, bon despote, secondé par des ministres comme Turgot et Necker, essaie de sauver les débris de ce règne glorieux : il finit par ne pas trouver d'autre procédé que d'en appeler au pays lui-même, c'est-à-dire à la liberté.

Les rois se chargent du bonheur du peuple, quand il existe tout seul ; quand ils ont fait son malheur, ils s'adressent alors à lui et lui disent : — Viens guérir toi-même les maux que nous t'avons causés.

Quand Napoléon revient de l'île d'Elbe, il dit : « Citoyens ! » et prononce au Corps législatif ces paroles qui sont la plus formidable condamnation de sa vie : « Les hommes sont trop impuissants pour assurer l'avenir ; les institutions seules fixent les destinées des nations ». En même temps, il appelle les fédérés, les ouvriers aux armes ! Seulement, il n'ose les armer.

Cela revient à dire : — Sauvez-vous, mes amis, vous-mêmes ; mais j'aime encore mieux me sauver que vous sauver.

Jamais la faiblesse des gouvernements forts n'a été mieux démontrée que par la conjuration de Malet. Napoléon Ier est à l'apogée de sa puissance ; il fait trembler le monde sous les pas de son armée. Un petit complot se met en travers de son char de triomphe, et manque de le faire verser.

Le second Empire a toujours prétendu

être plein de bonnes intentions. Eh bien !
qu'a-t-il fait ? de quelle utilité a-t-il été
pour la France ? Dans un article resté
célèbre, M. Clément Duvernois, tout le
long d'une colonne, montrant des réformes à faire, disait : « Qu'est-ce qui empêche ?... qu'est-ce qui empêche ?... »
Qui ? Mais votre empereur, votre gouvernement fort, puisqu'il était le seul maître.
Il terminait en disant : « Il faut faire
grand ! » Nous avons vu comment ce
modèle des pouvoirs forts savait faire
grand.

Mais ceux-là mêmes qui croient à une
certaine vertu du despotisme ne croient
pas à sa vitalité, à sa puissance de conservation.

« Je crois qu'on peut tout faire avec
le despotisme, excepté le faire durer, »
disait le prince Napoléon.

M. Bonjean confirmait, montrant l'opposition grandissant au Corps législatif et
se manifestant même au Sénat, qui s'a-
percevait au bout de dix-sept ans qu'il
jouait un rôle ridicule.

Et c'est ce despotisme, qui ne peut pas se conserver lui-même, qui a la prétention de sauver le pays, de le conserver!

Conservateurs, pensez donc un peu à cette inconséquence. Vous confiez vos plus chers intérêts à un panier percé.

Aussi, comme les despotes sentent leur pouvoir trembler comme feuille au moindre souffle, et qu'ils jouissent de la stabilité d'un danseur de corde, ils supplient qu'on les laisse tranquillement exercer leurs fantaisies, en promettant qu'elles ne seront pas perpétuelles.

Ils essaient de déguiser leur tyrannie et, en même temps, ils déclarent qu'elle n'est qu'un acheminement vers la liberté.

Napoléon Ier disait : « Je vous apporte l'ordre ; plus tard viendra la liberté. »

Quel fut son ordre, on le sait. Avant que la liberté vînt, lui-même était parti.

Il en a été de même pour le second Napoléon : tous ses amis, ses thuriféraires, prétendaient qu'il était l'homme le plus libéral de France ; seulement, ils disaient aux partis : « Désarmez, et vous aurez la liberté ». La liberté, dès le premier jour, était promise comme « le couronnement de l'édifice ».

Eh bien ! si on avait commencé par en faire la base, n'eût-ce pas été plus simple, et croit-on que la France s'en trouverait plus mal aujourd'hui ?

Les Anglais n'ont point commis la sottise de s'en remettre à leurs gouvernants du soin de leur donner la liberté. Ils ont commencé par la prendre et ils continuent à la garder.

En 1789, c'est bien ce que nous fîmes aussi ; seulement, nous n'avons pas su conserver ce que nous avions acquis.

Mais il y a des gens que cette liberté effraie. « Attendez, disent-ils, quand le peuple sera instruit, on la lui donnera. D'ici là, le despotisme est utile ».

Le premier usage qu'ils font de ce despotisme est de ne pas instruire le peuple; c'est un moyen tout simple de ne jamais lui donner la liberté.

C'est là l'idéal de « l'ordre sous un pouvoir fort ». L'instruction, c'est le désordre, car c'est la pensée, la discussion, substituées à l'automatisme.

Et moi, je vous dis que cet automatisme, dans la nuit, c'est le plus monstrueux désordre, car c'est la violation flagrante, la diminution, la castration de l'individualité humaine !

Il n'y a qu'un ordre, c'est la liberté.

Il n'y a qu'un ordre qui puisse vous donner cette prospérité que vous demandez en vain à un pouvoir fort : c'est la liberté.

« Je ne sais, dit Tocqueville, si l'on peut citer un seul exemple de peuple manufacturier et commerçant, depuis les Syriens jusqu'aux Florentins et aux Anglais, qui n'ait été un peuple libre. Il y a donc un lien étroit et un rapport nécessaire entre ces deux choses : liberté et industrie. »

Avant lui, Machiavel, ce terrible théoricien de l'absolutisme, mais qui avait sous les yeux l'exemple des républiques commerçantes de l'Italie, avait dit :

« Un État n'accroît sa richesse et sa puissance que lorsqu'il est libre ».

La raison en est simple : cette sécurité
que vous cherchez dans un pouvoir fort,
n'existe qu'avec la liberté ; car la liberté,
c'est l'assurance contre l'arbitraire.

XXII

Le progrès par l'État.

En France, nous ne croyons point encore à la vérité de ces paroles de Machiavel. Nous croyons, au contraire, que ce n'est pas par la liberté qu'un pays devient puissant, qu'une nation devient florissante. Nous sommes intimement convaincus qu'il y a un être à part, parfait, excellent de tous points, chargé spécialement de nous conduire au bonheur par la main. Cet être-là, nous l'appelons l'État, comme

jadis on l'appelait le Roi ; c'est toujours
la même idée sous une autre forme.

Cette idée est si bien enracinée chez
nous que nous lui donnons une force,
une fortune indépendante de la nation.

Je me trouvais, un jour, dans la forêt
de Haute-Sève, avec des officiers d'artil-
lerie, gens intelligents, par conséquent,
ayant reçu de l'éducation et habitués à
raisonner.

— Est-il heureux, l'État, dit l'un d'eux,
d'avoir une forêt comme celle-là !

Il n'y eut pas de protestations. Un autre
ajouta, au contraire :

— Ah ! oui, il est riche, ce gredin
d'État !

Et chacun de répéter :

— Ah ! oui, il est riche, l'État !

Dans le préambule de la Constitution de
1848, je trouve cette phrase :

« La France s'est constituée en République pour appeler tous les citoyens à un
degré toujours plus élevé de moralité, de
lumière et de bien-être. »

Ah ! çà, c'est la France toute seule qui

s'est constituée en République ! Est-ce que
les Français ne l'y ont pas aidée ?

Aux États-Unis, les rédacteurs de la
Constitution se gardèrent bien de donner
un pareil rôle à une entité. Ils dirent :
« Nous, le peuple des États-Unis, etc. »

Mais en France, nous croyons volontiers que c'est le gouvernement qui sou-
tient la société. Je voudrais bien voir un
gouvernement sans société.

Mais nous ne pensons point à cette difficulté. Deux choses nous en empêchent :
nos idées classiques et nos idées catholiques.

Nos idées catholiques nous représentent
l'Église comme un être à part ; de là à
regarder l'État comme un être à part, la
transition est facile.

Nos idées classiques, puisées dans Platon
ou dans Aristote, nous représentent l'État
comme le seul être actif de la cité. La
liberté, c'est la puissance de l'État, rien
de plus. L'État est chargé, comme à
Sparte, de toutes les fonctions : Platon
rêve un État dans lequel il n'y aurait point

d'individus. Aristote, cet habile observateur de la nature, dit, de son côté : « La vertu est la fin de la cité. Les institutions, les lois, l'État, doivent y conduire ».

Hegel a fait de l'État un véritable être : « L'État, c'est la société ayant conscience de son unité et de son but moral, et se trouvant animée à la poursuivre d'une seule et même volonté. Pour atteindre ce but, il peut employer la force ». M. de Bismarck est un Hégélien politique, actif.

La philosophie éclectique considère volontiers l'État de cette manière. M. Beaussire élève l'État à un degré de perfection que les faits démentent malheureusement. « La force de l'État, dit-il, n'est pas la force passionnée et partiale de l'individu. C'est un pouvoir essentiellement moral, qui n'est constitué qu'en vue du droit ».

M. Dupont-White avait dit auparavant : « De quelque façon qu'il soit constitué, l'État vaut mieux que les individus ».

Eh bien ! M. Dupont-White a beaucoup étudié l'Angleterre. Pourrait-il me dire

quel est le progrès qui, en Angleterre, a
été accompli par l'État ? Est-ce lui qui a
fondé la liberté ? est-ce que cette liberté
politique n'a pas été arrachée à l'État,
lambeaux par lambeaux ? et est-ce que
l'État, chaque fois qu'il a pu en trouver
l'occasion, n'a pas essayé de la reprendre ?
Au point de vue du progrès matériel,
est-ce lui qui s'est fait inventeur, entre-
preneur ?

Voyons la France, où l'État veut tout
faire : quel est le progrès que le second
empire a accompli ? Il n'a pas empêché
absolument la construction des chemins de
fer, et pour cela, il y a des gens qui lui
attribuent leur création et les résultats
qu'elle a produits ! Les naïfs !

Il est vrai que si l'on est disposé à attri-
buer à l'État tout le bien qui se fait, on est
disposé aussi à lui reprocher tout le bien
qui ne se fait pas et tout le mal qui se produit.

Ni vous, ni moi, nous ne nous aviserons
de nous en prendre au saint de notre pa-
roisse, s'il pleut ; mais, si vous remerciez

ce saint du beau temps, il n'y a pas de raison pour que vous ne le rendiez pas responsable du mauvais.

Il en est de même pour l'État : du moment qu'on en fait un être providentiel, il supporte toutes les responsabilités.

— Ah! si j'étais l'État, dit tout utopiste, cela marcherait autrement. J'exproprierais ceux-ci, j'enrichirais ceux-là. Tout serait pour le mieux.

Vous trouvez quantité de pétitions adressées au Sénat ou à l'Assemblée nationale, dont les auteurs ne disent pas autre chose.

On en rit, parce qu'ils poussent la chose à ses dernières conséquences, et on a tort; car, depuis nos hommes d'État jusqu'au dernier des paysans, tout Français est absolument entiché des idées de la toute-puissance de l'État.

Tout bon bourgeois est ennemi, par position et tradition, du communisme.

Or, le communisme consiste à mettre toute la nation entre les mains d'un ou plusieurs hommes.

Le même bourgeois a voté *oui* au plébiscite ; le même bourgeois croit, par
haine des jésuites et des démagogues, que
l'instruction appartient à l'État ; il croit
que l'État doit payer les cultes et les surveiller; il trouve bon que l'État se mêle à
tout, fasse tout, intervienne dans tout, à
l'aide de ses 600,000 fonctionnaires. S'il
parle de réformes, il demandera qu'on im-
pose des restrictions aux droits des individus, et qu'on donne de l'extension aux
droits de l'État.

Seulement, ne lui parlez pas de communisme !

Mais, malheureux monsieur Jourdain,
tu fais du communisme sans le savoir !

Et, lorsque tu remets entre les mains
d'un seul homme tous ces droits, tu crées
le plus terrible et le plus épouvantable
communisme, le communisme césarien.
L'empire n'était pas autre chose, et c'est
la bourgeoisie qui l'a fait par peur des
communistes plébéiens.

Bastiat a expliqué, d'une manière très-
ingénieuse et très-exacte, cette tendance

de toutes les classes de notre nation à invoquer l'État.

L'homme répugne naturellement à la peine, à la souffrance. Il trouve bien plus commode de jouir sans travailler, et, comme c'est difficile, de s'approprier, pour jouir, le travail d'autrui, telle est l'origine de la guerre, de l'esclavage, de toutes les violences et de toutes les impostures.

Maintenant, comme la guerre, l'esclavage, la violence entre citoyens d'un même État sont peu productifs, on s'adresse à l'État ; on essaie de le prendre pour complice ; on veut en faire l'instrument de sa jouissance usurpée. Et pour cela on lui dit, de la manière la plus simple : « Donnez-moi une bonne place. Accordez-moi une concession, une subvention, une protection. Gênez l'industrie de mes concurrents et aidez la mienne ».

En un mot, « l'État est la grande fiction à travers laquelle tout le monde s'efforce de vivre aux dépens de tout le monde ».

On oublie une toute petite chose : c'est que si tout le monde parvient à vivre aux

dépens de tout le monde, tout le monde
sera absolument d'accord pour mourir.

M. Dupont-White, un des partisans les
plus convaincus du progrès par l'État, a
défini cependant le progrès : un accroissement de vie !

Cette définition, c'est la bonne ; mais
comment ne s'aperçoit-il pas que l'accroissement de vie des citoyens est in-
compatible avec l'accroissement des pouvoirs de l'État?

Et puis le progrès, il faut voir comment il se produit et se manifeste.

Un jour, un pauvre ouvrier comme
Watt, un commis comme Fourier, un noble ruiné comme Saint-Simon, conçoit
une idée, qu'il puise dans ses lectures et
dans ses observations personnelles. Il parvient à la faire partager à quelques individus : cette idée devient machine ou
devient vie ; malgré les résistances de la
routine, les rivalités, les jalousies, elle
prend son vol et parcourt le monde ; peu
à peu, on s'habitue à la reconnaître, à la
regarder, et la foule, qui l'avait d'abord

ignorée et combattue, s'en empare, la fait sienne, prête à l'opposer à toute idée nouvelle qui se présentera.

Voilà comment naît et grandit tout germe de progrès ; ce qui revient à dire que le progrès est toujours l'œuvre d'une minorité.

Or, comme l'État forcément représente la majorité, il se trouve par vocation ennemi de toute nouveauté. Il ne peut admettre comme acquis un progrès que lorsqu'il est arriéré.

Voilà pourquoi les gouvernements qu veulent conduire leurs peuples et être progressifs, sont toujours rétrogrades.

Un État qui veut faire des expériences sur son peuple, malgré son peuple, le met tout simplement à la torture. Il taille, il allonge, il raccourcit; mais une société n'est pas du caoutchouc : tous ces tiraillements là font souffrir. Le progrès par l'État, c'est une vivisection.

Cette vivisection tue le patient et est inutile à celui qui la pratique.

XXIII

L'indifférence politique.

Du moment que nous remettons tous nos intérêts, tous nos droits entre les mains de ce personnage qui s'appelle l'État, nous n'avons plus à nous occuper de rien, qu'à le prier, supplier, implorer.

Le proverbe : aide-toi, le ciel t'aidera ! est profondément irrévérencieux pour le ciel, et sent l'hérésie à plein nez.

Nous l'appliquons cependant à l'État

quand il s'agit de solliciter quelque faveur qui, comme son nom l'indique, n'est jamais obtenue qu'au détriment de quelqu'un. Mais nous restons des êtres purement passifs quand il s'agit de diriger l'État, de le consolider par des institutions, de déterminer ses attributions.

Nous nous demandons ce que veut le chef de l'État. Nous disons : — Puisqu'il veut cela, cet homme, il a des raisons pour cela ! Dépêchons-nous de le lui donner ; en échange, il nous accordera peut-être la place de substitut que je sollicite pour mon gendre et l'avancement que je demande pour mon fils.

On fait ainsi un petit trafic de ses droits avec l'État. On le propose au préfet, on l'avoue à ses amis, on en cause en famille, devant les enfants, auxquels on parlera de morale le lendemain, comme si ce trafic n'était pas la dernière expression de l'immoralité !

Aussi, point d'esprit public dans les pays où la notion de l'État a un grand développement : il n'y a que de la bas-

sesse et de l'hypocrisie; les fonctionnaires sont des valets; le peuple, un bétail. Le caractère s'assouplit avec l'échine.
Le regard est en bas, non en face. Il y a
des vers qui rampent, non des hommes
qui marchent. Toute parole est flatterie,
mensonge ou perfidie. On s'engraisse
d'abjection.

Magistrature, armée, université, clergé,
administrations de toutes sortes ont pré-
senté ce spectacle le lendemain du Deux
Décembre.

Lisez le livre VIII de *Napoléon le Petit*.
Il est instructif.

Si ces gens ne voulaient que s'enchaî-
ner eux-mêmes, on aurait déjà le droit de
leur dire : « Vous n'avez pas le droit de
vous vendre, d'aliéner votre personnalité humaine; nous vous l'interdisons au
nom de notre propre sécurité ».

Mais ces gens-là, en se vendant, vendent encore leurs enfants. Ils rivent autour du cou de leurs petits, nés ou à
naître, le collier qu'ils ont passé autour
du leur. Il font peser sur leur race l'ana-

thème de la servilité. Ils la dégradent en
se dégradant.

Ce n'est pas tout.

Non-seulement ils se vendent, eux et
leur race, mais encore ils vendent les autres. Ils se font non-seulement esclaves,
ils se font encore complices. Leur collier
passé, ils le jettent sur ceux qui n'ont
point tendu le cou, soit par respect du
droit, soit par indifférence ; ces derniers,
ils les mettent en tas, et disent : « Vous
n'avez qu'une chose à faire, obéir ! Si
vous obéissez, si vous voulez la volonté
du maître, vous serez heureux, d'hon-
nêtes et de braves gens, protégés par
nous, — tant que cela nous conviendra . »

Aux autres, ils disent : « Vous êtes des
insurgés ! insurgés du droit, si vous voulez ! mais que nous importe ? du moment
que nous vous donnons l'exemple de la
bassesse, c'est un crime de plus à vous de
ne pas le suivre : votre résistance est une
injure pour nous ».

Telle a été l'histoire de l'Empire ; et
l'Empire ne s'est établi si facilement que

parce que nous tous, paysans, ouvriers, bourgeois, nobles, croyons que l'État, quel qu'il soit, a été créé et mis au monde pour que nous approuvions tous ses actes.

— Ce que nous voulons, c'est de la tranquillité !

L'État est chargé de nous la donner.

Nous n'avons pas tout à fait tort en pensant ainsi, seulement il faudrait retourner la question, et dire : « Le soleil n'est point fait pour nous éclairer. L'eau n'est pas faite pour nous désaltérer. Les animaux ne sont pas faits pour nous nourrir. Le nez n'est pas fait pour porter des lunettes ».

Il y a un soleil, de l'eau, des animaux, un nez, parce qu'ils existent. Ce sont les combinaisons nécessaires d'un ensemble. Si elles n'existaient pas, cet ensemble n'existerait pas. Voilà tout.

De même, il n'y a point un État fait pour gouverner les hommes. Seulement il y a des hommes qui, réunis en société, organisent certaines institutions pour assurer certains intérêts généraux : cette organisation s'appelle l'État.

Mais il ne suffit pas de la poser là un beau jour, et puis de la laisser toute seule pour qu'elle marche. Il faut la remonter, changer même sa contexture quand on s'aperçoit de ses vices de construction et toujours surveiller avec soin ceux qui sont chargés de la diriger.

Ce soin s'appelle l'esprit public. Les peuples qui veulent se donner la peine de le prendre sont les seuls libres.

C'est parce que les Français ne se sont jamais donné cette peine qu'ils n'ont jamais été libres.

C'est pour le même motif qu'ils n'ont jamais été tranquilles.

Les gens qui ne s'occupent de politique que pour dire : ainsi-soit-il ! à toutes les volontés de l'État, sont réputés, en France, gens tranquilles.

Eh bien ! ce sont précisément ces gens-là, dits modérés, dits paisibles, dont les gouvernements ne se méfient point, en un mot, ce sont les conservateurs qui font les révolutions.

Cela se conçoit : ils s'aperçoivent que le gouvernement dans lequel ils avaient mis toute leur confiance, ne leur a pas assuré cette bienheureuse tranquillité ; et ils se mettent en train de démolir ce gouvernement-là qui répond si peu à l'idée qu'ils se font de l'État.

Ce ne sont point les sociétés secrètes, les carbonari, les conspirateurs violents et courageux qui ont fait la révolution de 1830 : c'est la bourgeoisie paisible.

Ce sont les membres du centre gauche qui ont fait la révolution de 1848.

Le 4 septembre 1870, c'est, en grande partie, la garde nationale de l'empire qui a envahi le Corps législatif.

Je ne dis pas que les ardents et les passionnés n'aient pas contribué à ces mouvements ; mais ces mouvements n'ont été décisifs que lorsque les gens tranquilles y ont pris part.

De ces faits, il faut tirer la conclusion suivante:

Les gens qui pour obtenir la tranquillité donnent tout pouvoir à l'État, sont eux-mêmes forcés de troubler la tranquillité, à laquelle ils tiennent tant, pour tâcher de l'obtenir dans l'avenir.

Malheureusement comme ils croient que c'est toujours l'État qui la donne, ils recommencent, en général, le lendemain de cet effort, à remettre leurs destinées entre ses mains.

XXIV

La boussole.

Jusqu'à présent, nous avons vu de braves gens, radicaux, modérés, conservateurs, républicains, monarchistes, arriver précisément au but opposé à celui qu'ils cherchaient à atteindre.

Quelle en est la cause ?

Il y en a une fort simple.

Tout navigateur a maintenant une boussole dans son navire. Il sait fort bien que sans boussole il pourrait aller au nord, quand il voudrait aller au midi.

Eh bien ! ce qui nous manque précisément à tous, c'est un principe fixe qui serve à nous diriger.

Autrefois nous avions le droit divin ; maintenant ceux-là mêmes qui y croient encore transigent avec la souveraineté du peuple.

Nous avons la souveraineté du peuple ; mais en voyant ses caprices, ses sottises allant jusqu'au suicide, on recule en disant : c'est la tyrannie sans responsabilité !

Les doctrinaires ont invoqué la raison. Mais quelle raison ? la leur. Et de quel droit m'imposeraient-ils leur raison ? Est-elle donc infaillible ?

Et alors, ne sachant sur quel principe nous appuyer, sans base fixe, sans criterium, nous marchons tous à la dérive, au hasard, tantôt invoquant l'un, tantôt l'autre. Voyez nos assemblées, lisez leurs débats ; étudiez les ouvrages de nos hommes politiques, vous les verrez tous essayer de se faufiler à travers les principes, au lieu de les aborder pour juger leur valeur, les repousser s'ils sont faux, les adopter s'ils sont vrais.

Au lieu d'avoir un but déterminé, on tâte chaque matin le pouls de l'opinion publique, et on tâche de se mettre à l'unisson ; rien de plus.

Tout le monde est libéral. M. de Morny disait lui-même que la France était libérale. C'est pour cela qu'il voulait donner une grande liberté au gouvernement et un fort esclavage aux gouvernés.

Tout le monde est libéral : la liberté d'association est une très-bonne chose, pour les cléricaux, quand il s'agit du clergé ; très-mauvaise, quand il s'agit des laïques.

La liberté de réunion est excellente quand elle s'exerce... pour le bon motif. Ce « bon motif » est relatif à chacun.

La liberté de la presse est chose excellente... Mais il faut distinguer entre la liberté et la licence, et les cinquante lois qui régissent la presse sont absolument nécessaires pour assurer cette liberté.

Sans doute, les théâtres, les cafés-concerts sont libres ; mais le gouvernement doit veiller aux bonnes mœurs, mesurer la longueur des jupes des danseuses et épurer les goûts artistiques du public.

Sans doute, l'État est laïque, mais il faut de la religion pour le peuple. On payera donc des instituteurs congréganistes et des curés.

Enfin, chacun veut cette liberté qui... cette liberté que... mais non cette liberté qui... cette liberté que...

Qui choisira? pourquoi cette distinction?

L'État?

Ah ! oui, toujours l'État, ce bon père de famille qui donne la vie aux citoyens !

Or, comme c'est lui qui fait les citoyens, il a le droit de les soumettre au régime qui lui convient.

L'État rationne le pain du soldat, parce que c'est lui qui le fournit. Il a donc le droit de rationner la liberté au citoyen, puisqu'elle vient de lui.

Catherine II, impératrice de Russie, fort libérale à coup sûr, nous l'a très-bien expliqué dans son instruction de 1769.

Art. 36. — La liberté politique ne consiste pas à tout faire.

Art. 37. — Dans un État, c'est-à-dire dans une société où il y a des lois, la liberté ne peut consister qu'à pouvoir faire ce que l'on doit vouloir et à n'être pas contraint de faire ce qu'on ne doit pas vouloir.

Art. 38. — Il est nécessaire de se faire une idée claire et exacte de la liberté. C'est le droit de faire tout ce que permettent les lois ; et si un citoyen pouvait faire ce que défendent les lois, il n'y aurait plus de liberté parce que les autres auraient également ce pouvoir.

D'après ce système, peu importe le despotisme de la loi : pourvu qu'on lui obéisse, on est libre.

Tous les jours, vous entendez nos gouvernants dire : — Nous sommes un gouvernement libéral, car nous gouvernons avec la légalité. Exemple : il y a une loi, la loi de l'état de siége qui suspend toutes les autres ; nous l'appliquons, mais vous n'avez pas à nous reprocher notre arbi-

traire : nous ne sortons pas des limites de
la légalité, ne vous plaignez pas. Vous êtes
libres, c'est Catherine II qui vous le dit;
et nous vous le répétons.

On m'interrompt.

— Mais enfin, si vous repoussez le droit
divin, la souveraineté du peuple, la plénitude des pouvoirs de l'État, l'infaillibilité
de la loi, que mettez-vous à la place?

— Le droit humain.

XXV

Le droit et la loi.

Rousseau et les philosophes de son école avaient créé un terme faux : l'état de nature.

Cet état de nature n'est que la première période de la barbarie humaine. D'après eux, c'était l'Éden. Ils obéissaient au préjugé biblique et grec : au commencement, l'âge d'or !

Ils créaient arbitrairement ce milieu et dotaient l'homme qu'ils y plaçaient de

toutes les vertus. Ils ne se doutaient pas
que l'homme, dans cet état, est proche
parent du singe.

Par réaction contre cette fausse idée,
Bentham et Charles Comte nièrent le droit
naturel.

Auparavant Hobbes cependant avait
dit : « Chacun doit conserver son corps et
ses membres autant que cela est en son
pouvoir. Chacun a le droit d'employer
tous les moyens et de faire tous les actes
sans lesquels il ne peut se conserver ».

Seulement Hobbes, après avoir reconnu
le droit humain, avait imaginé certain
contrat en vertu duquel l'homme aliénait
une partie de son droit, livrait à la société une partie de son individualité ; et
alors Hobbes concluait : « Toute action
est juste qui est conforme au droit que
nous nous sommes réservé; toute action
est injuste qui est contraire au droit que
nous avons cédé ».

Mais alors vint toute cette grande pléiade
du dix-huitième siècle : Quesnay, Turgot,
Voltaire, Diderot, Condorcet, Mirabeau,

plus tard Guillaume de Humboldt, qui reprenant, avec certains tâtonnements, l'idée du droit individuel formulée par Hobbes, se demanda si l'homme, être social, pouvait perdre une partie des droits qu'il avait comme individu.

A cette question, voici la réponse : — « La souveraineté ne se délègue point. Tout mandat a des bornes. L'individu ne peut aliéner ses droits, sans se diminuer et s'anéantir lui-même. Il entre dans la société avec la plénitude de ses facultés, de sa force, de sa puissance. Toute loi qui a pour but de restreindre cette puissance et cette force, est une violation de la personnalité humaine. C'est le besoin qui crée le droit. Le droit est pour tout homme, par rapport aux autres hommes, l'expression des besoins de son organisation, c'est-à-dire la liberté complète d'employer ses forces, son temps, ses moyens à la recherche de ce qui lui est utile. Cette liberté ne peut souffrir d'exception pour nul. Le droit implique égalité complète dans cette liberté. Toute servitude personnelle est un attentat au droit, que cette servitude soit imposée par un homme à un autre ou par la collectivité à un ou plusieurs individus !

D'où cette conclusion :

L'individu ne doit jamais être gouverné.

L'individu est une unité sociale, non un être gouvernable.

La société ne peut être une mutilation de l'individu : elle est, au contraire, un agrandissement de son être, un moyen d'assurer sa sécurité. Le gouvernement n'est pas institué pour restreindre ou augmenter un droit ; cela lui est impossible, en vertu de cette loi naturelle : rien ne se crée, rien ne se perd.

Son rôle se borne simplement à administrer certains intérêts communs, ayant une importance égale pour tous les membres de la société.

Ainsi la sécurité extérieure et intérieure représentent des intérêts auxquels tous les membres de la société sont également intéressés ; la mission de l'État est de les assurer.

Certains services publics intéressant tous les membres de la société, tels que les moyens de communication, la poste, les télégraphes, certains grands travaux de canalisation ou de routes, peuvent être du ressort de l'action de l'État.

L'État, dans le premier cas, est une garantie ; dans le second, il est un moyen ! Au delà, il ne saurait rien être, sans se rendre coupable d'usurpation.

S'il veut étendre sa main sur l'individu, s'il vient lui dire : « Tu ne feras pas telle action ; tu n'emploieras pas tes forces, comme il te convient, à l'occupation qui te convient ; tu resteras attaché au sol ; tu ne penseras pas telle chose ; tu ne la diras pas de telle manière ; tu ne te réuniras pas, tu ne t'associeras pas à d'autres citoyens pour faire prévaloir telle idée ou assurer la liberté de ton travail ! »

L'individu a le droit de lui répondre :

« Halte là! car tu uses de violence
contre moi! Je forme un être complet!
Du moment que tu veux restreindre
l'exercice d'une de mes facultés, enchaî-
ner mon activité, me dérober mon temps,
tu te rends coupable d'attentat sur moi.
Que m'importe que tu te serves d'une loi,
pour briser mes bras, vider mon cerveau,
supprimer ma parole, au lieu de te servir
d'une massue pour me broyer ou d'un
couteau pour me châtrer? le résultat est
le même : il y a diminution de mon être,
par conséquent usurpation, vol, dom-
mage, mépris de mon droit, action violente qui me placent en face de toi dans
la situation de révolté ! »

Cela est fatal : du moment que l'État
diminue le droit d'un citoyen, ce citoyen,
par la force des choses, en vertu de son
organisation naturelle, doit essayer de le
reconquérir. Privé de son droit, il en a
soif, comme il a soif d'eau ; le droit n'est
que le besoin.

Il tentera donc tantôt par la ruse, tantôt par la force, de le ressaisir. C'est là

l'histoire de toutes les insurrections et de toutes les révolutions.

C'est là l'explication de leur fatalité, de leur nécessité.

Si on veut supprimer, en un mot, leur retour, enlever tout droit à l'insurrection, il faut que nous appliquions résolûment ce grand principe :

C'est la chose qui peut être gouvernée, jamais l'homme.

XXVI

Les droits individuels.

Voilà notre criterium; il repose sur une base scientifique d'une certitude absolue : l'individu. Vous retrouvez cette base dans toutes les sociétés, toujours égale à elle-même, c'est-à-dire ayant toujours des besoins et le désir de les satisfaire.

Tous les individus faisant partie d'une société, ont le droit de prendre part, soit directement, soit indirectement, à la question des intérêts communs ; c'est le suffrage universel.

Mais là s'arrêtent les droits du suffrage universel.

Quand la majorité veut imposer des idées à la minorité ; quand elle veut empêcher la minorité de tenter, par voies pacifiques, de devenir majorité, elle se rend coupable d'usurpation.

Cependant, en France, comme nous l'avons prouvé, on ne s'en doute pas. Tout le monde croit à la souveraineté absolue de la majorité. En ce moment, les députés monarchistes de l'Assemblée de Versailles déclarent qu'ils sont souverains absolus et qu'ils ont le droit de ficeler chaque Français comme un saucisson.

La *Déclaration des Droits de l'Homme* avait cependant eu soin de réserver les droits individuels :

Art. 36. — Le but de toute association est la conservation des droits naturels et imprescriptibles de l'homme ; ces droits sont la propriété, la sûreté et la résistance à l'oppression.

Mais c'était une simple *déclaration de principes* qui pouvait être fort modifiée.

dans la pratique. N'avons-nous pas vu le second Empire déclarer avec impudence qu'il gouvernait au nom des principes de 1789 ?

Plus pratique, sur les instances de Jefferson, la Convention de Philadelphie, voulant sauvegarder les individus des abus de pouvoir, limita d'une manière précise les droits du Congrès :

« Constitution des États-Unis ; premier amendement :

« Le Congrès ne pourra faire aucune loi pour établir une religion ou en interdire le libre exercice ; restreindre la liberté de la parole et de la presse, ou porter atteinte au droit qu'a le peuple de s'assembler paisiblement et d'adresser au gouvernement des pétitions pour le redressement de ses griefs. »

XXVII

Nécessité de la République.

Les droits individuels sont donc en
dehors de l'action du suffrage universel.

Par cela même qu'il ne peut restreindre
les droits de l'individu, il ne peut les en-
chaîner à un homme ou à un gouvernement, non-seulement dans le présent, mais
encore dans l'avenir.

L'empire avait trouvé un moyen ingé-
nieux de supprimer le suffrage universel
à son profit. Il étendait un vaste filet; il

en tenait tous les fils ; il pouvait le serrer
à son gré ; il plaçait au milieu de ce ver-
veux deux appâts : pour les uns, la paix !
pour les autres, la crainte ! Il invitait dans
un jour solennel tous les goujons à y en-
trer. Puis, il les comptait, comme une
friture. Cela s'appelait un plébiscite.

Les niais qui entraient dans le filet
croyaient exercer un droit. Hélas ! ils
exerçaient leur droit de dupes !

Malheureusement, ils rendaient les autres victimes de leur sottise, comme l'a si
rudement prouvé la guerre.

De toutes manières, ils outre-passaient
leurs droits d'électeurs ; car non-seulement
ils aliénaient leur volonté propre par un
vœu perpétuel, mais encore ils aliénaient
celle des nouvelles générations.

Or, jamais, à aucun moment, un peuple
n'a le droit de livrer l'avenir à un homme,
à une dynastie. Il n'a pas le droit de bâtir
une cage et ensuite de déclarer que, à perpétuité, toutes les générations à venir y
seront enfermées.

C'est pour cela que ceux qui admettent

le droit de la souveraineté du peuple sous
le régime d'une dynastie, commettent un
non-sens, comme un médecin qui empoi-
sonnerait son malade sous prétexte de le
guérir.

Ah! je sais : on répète alors la fameuse
phrase de Daunou : « La meilleure constitution est celle que l'on a, pourvu qu'on
sache s'en servir... »

Ce sont les économistes qui ont surtout
une tendance à se mettre à l'abri derrière
cette phrase.

J.-B. Say l'avait formulée, cette théorie,
en tête de la première édition de son
Traité d'Économie politique. Cette première
édition avait paru avant le premier empire.

Dans sa seconde édition, publiée après
la chute de ce régime, il avoua son erreur. Il avait vu les effroyables maux dé-
chaînés sur la France. Et alors, les énu-
mérant, il disait : « Non ! il ne peut y
avoir de prospérité sans liberté ! »

M. Édouard Laboulaye, lors du plébiscite de 1870, s'était rallié à la formule de

Daunou. Eh bien ! maintenant, oserait-il
dire : « Je prétends encore que la forme
de gouvernement est indifférente ! »

La forme de gouvernement est indifférente ! Autant vaudrait dire à n'importe
quel établissement commercial ou indus-
triel qu'il n'a pas besoin d'organiser ses
services.

Or, d'après les principes que nous avons
posés, un gouvernement doit répondre à
deux conditions : .

1° Tous ses agents doivent être responsables;

2° Il doit pouvoir supporter toutes les
expériences jugées nécessaires par l'avenir.

Est-ce la monarchie parlementaire qui
peut répondre à ces conditions? Non ! car
il y aura toujours un individu irrespon-
sable et inamovible. On me dira qu'il est
tout simplement un pondérateur. Est-ce
que les rois d'Angleterre se renferment
dans ce rôle ?

Toute monarchie parlementaire néces-
site un parti whig. Or, tout parti whig a

une révolution en perspective, si le roi
viole le contrat exprimé par le serment
d'allégeance et par le serment de couronnement.

Il n'y a qu'un seul gouvernement qui
puisse permettre les expériences sans révolution : c'est la République.

Voyez l'histoire du progrès : c'est une
éternelle insurrection, une éternelle violation de la loi. Le Christ a violé la loi. Socrate a violé la loi. Tous les penseurs, tous
les grands hommes, tous ceux que l'histoire
met à son Panthéon, ont violé la loi, se sont
trouvés, certains jours, à l'état d'insurrection : voyez Voltaire, Diderot, Mirabeau,
Danton, pour ne citer que quelques grandes
figures du dix-huitième siècle.

Pourquoi ? L'histoire du progrès doit-
elle donc toujours être l'histoire des victimes et des martyrs ?

Pourquoi ? parce que les droits individuels étaient méconnus ; parce que la
forme de gouvernement, imposée par la
violence, était imperfectible par les moyens
pacifiques.

XXVIII

Des caractères du progrès.

Accomplir toutes nos évolutions à l'aide de moyens pacifiques ; renoncer à ces luttes violentes où les vainqueurs sont les dupes de leur propre violence ; arriver au progrès par la science, en supprimant le progrès par la force, tel est le grand caractère de l'œuvre tentée par le dix-neuvième siècle.

Nous savons bien qu'elle n'est pas encore réalisée ; mais nous ne devons pas moins avoir une pensée d'espoir. Elle est en bonne voie ; elle fait son chemin peu à peu, non, il est vrai, auprès des gardiens des derniers priviléges, qui les défendent avec la violence du désespoir ; mais auprès de ceux qui ont confiance dans l'avenir parce qu'ils ont le droit pour eux.

Ah ! il faut de la patience, du travail, de la persévérance, de la volonté. On n'arrive pas au but du premier coup ; mais il y a plus de cent mille ans que l'homme s'agite sur cette terre. Il faut avouer que, depuis quelques années, il a singulièrement accumulé ses progrès.

Il y a des braillards qui crient : « Ne pensons point ! de l'action ! de l'action ! »

Les imbéciles ! ils parlent comme un Nouveau-Zélandais ! comme un homme de l'âge de pierre !

La supériorité de l'homme sur l'animal, c'est de penser d'abord et de n'agir qu'après, afin de savoir pourquoi il agit et où le conduira son action.

Dans ce petit livre, nous avons montré les inconvénients du préjugé qui nous fait remettre notre sort entre les mains de l'État.

Nous avons combattu ceux qui croient que, dans une même société, il y a deux espèces d'êtres absolument distinctes : l'une fait la loi. Cette espèce-là s'appelle le gouvernement, l'État. Elle ne veut jamais que le bien.

L'autre espèce, au contraire, s'appelle le peuple. C'est une espèce maudite. Elle ne veut jamais que le mal. La première prétend qu'elle est destinée à l'empêcher de le faire.

Nous nous refusons absolument, quant à nous, à voir dans la société, d'un côté des bergers, de l'autre un bétail.

Nous n'y voyons que des individus, ayant égalité de droits.

Quant au progrès, nous avons constaté que les gouvernements ne sont propres qu'à conserver les choses établies, et que, par leur nature même, ils sont toujours hostiles à toute innovation.

Dans la société, il n'y a qu'un seul agent actif : c'est l'individu.

Les peuples se jettent dans le despotisme, parce qu'ils croient que l'uniformité est le progrès.

Écoutez les anciens socialistes : ils n'ont qu'un mot à la bouche : organisation !

Demain, un décret va faire tourner toutes les machines à droite au lieu de les faire tourner à gauche ; demain, il y aura une expropriation générale, une liquidation sociale complète ; et après-demain, la société sera entièrement réformée.

Voilà où est l'erreur : et de cette erreur viennent ces épouvantables crises qui menacent la France de leur périodicité.

Elle est tout simplement le résultat de notre centralisation de l'an VIII, qui ne permet les expériences que sur la nation tout entière.

Qu'en résulte-t-il? on n'en fait point, parce qu'on a peur de la perturbation que causerait leur insuccès.

Si un Français veut étudier la vie politique d'un peuple, le mécanisme d'institutions ingénieuses, il faut qu'il aille en Suisse ou aux États-Unis.

Or, sans expériences, point de progrès.
C'est là le secret de la routine de la
France.

Voici, au contraire, un pays décentra-
lisé : une commune, un département, une
région tentent une nouvelle organisation
communale, une nouvelle répartition de
l'impôt, etc. L'expérience se fait sans
grand péril, puisqu'elle se fait sur une
petite échelle, sous la surveillance immédiate des intéressés. On peut facilement
observer les phases de cette expérience,
connaître les causes de son échec ou de
sa réussite. Si elle réussit, elle est appliquée de proche en proche. C'est une chose
acquise, sur laquelle on ne revient plus.

Avec notre centralisation, absence d'expériences : et comme les paysans comp-
tent pour 69,54 dans notre population, il
en résulte qu'ils empêchent le progrès des
centres plus intelligents.

La science politique ne peut se fonder
que sur des observations multipliées et
facilement vérifiables. Il faut donc que les
essais puissent se multiplier.

Il faut, en outre, éparpiller les crises, les tentatives, les échecs, afin qu'ils soient réduits aux proportions d'un événement isolé, local; avec la centralisation, nous préparons des cataclysmes, en concentrant dans un ou deux cratères toutes les forces explosibles.

Il faut que les réformes socialistes puissent se tenter à l'aise dans les communes, si on veut prévenir de nouvelles guerres sociales.

Pourvu que les garanties individuelles que nous avons réclamées soient sauvegardées par le pouvoir central, la décentralisation la plus large ne peut avoir que des avantages, sans inconvénients.

Les seuls peuples libres, en définitif, sont, en ce moment, les peuples qui ont de larges libertés locales : les États-Unis, la Suisse, l'Angleterre.

Et qu'on se garde de croire que la décentralisation aboutit à l'isolement : elle mène, au contraire, à l'association.

C'est la différence des fonctions, comme l'a très-bien observé Carey, qui conduit à l'association : car l'association n'est que l'acte d'échanger des services.

Les partisans du progrès par l'État, qui veulent en faire un colonel conduisant tout le pays d'un pas uniforme, ne se doutent pas, les malheureux, qu'ils ont le crétinisme pour idéal.

Le singe est quadrumane; l'homme a deux mains et deux pieds ; plus le type s'élève, plus s'accentue la division des fonctions des organes.

Il en est de même pour l'individu : prenez une huître, elle ressemble à une autre huître; un rat à un autre rat ; un Australien à un autre Australien. Tous ces êtres rempliront des fonctions semblables à celles des autres individus de leur espèce.

Plus, au contraire, l'homme social est développé, plus son individualité se caractérise.

Plus l'association est facile, plus est considérable la variété des appels faits à l'exercice des facultés physiques et intellectuelles. Par conséquent plus l'individualité se développe.

Cela explique la supériorité des villes sur les campagnes.

A première vue, on serait tenté de dire : dans les villes, il y a plus d'unité! C'est le contraire, la supériorité des villes vient de la facilité d'association que rencontrent les individus de professions et de caractères divers.

On le voit : le développement de l'individu et le développement social sont connexes, en vertu d'une loi naturelle. Toute loi artificielle qui essaiera d'entraver l'action de l'individu, ramènera celui-ci à un état inférieur, par conséquent fera rétrograder la société, car l'individu est l'unité sociale et le progrès social est l'expression des progrès individuels.

Les gouvernements ont volontiers une tendance à traiter les individus comme autrefois les médecins traitaient leurs malades. Ils croient avec Guy-Patin que la fréquente saignée est un remède souverain. Ils ont peur de la vigueur de leurs sujets : l'activité, l'intelligence de ceux-ci représentent le mal à leurs yeux, car elles sont la force; et les gouvernements autoritaires ne sont forts que de la faiblesse des peuples.

Mais à nous, républicains, notre idéal est autre; ce que nous voulons, nous, c'est un accroissement de vie, un développement de forces, un agrandissement de l'être humain.

Et, malgré toutes les tristesses qui nous entourent, tous les douloureux souvenirs qui nous déchirent, toutes les plaies encore saignantes qui nous rongent, nous avons foi dans l'avenir.

Il y a une chose dont on ne tient pas assez compte, que Malthus a méconnue dans sa célèbre loi : c'est que le progrès marche en proportion de la vitesse acquise; c'est que son mouvement est de plus en plus continu et que sa puissance est en raison de sa continuité; c'est que la masse du progrès, et par conséquent, sa force, grandit en proportion des facilités des relations sociales ; c'est que plus l'homme va, plus il s'assimile les forces de la nature et, par conséquent, plus il augmente sa puissance personnelle.

Mais disons-le bien haut, ne cessons pas de le répéter : cette continuité, cette accumulation du progrès, cette augmentation de l'être humain ne peuvent avoir lieu sans sécurité, et il n'y a pas d'autre sécurité pour l'homme que la garantie absolue, sans restrictions possibles, de ses droits individuels.

C'est là un principe qu'on ne doit jamais abandonner, auquel on ne doit jamais faire subir aucune restriction. Un principe est ou n'est pas. « Son essence n'est pas tant d'être général que d'être fixe, » a dit Benjamin Constant. Une fois admis, il doit servir de guide invariable ; il n'y a point de transaction possible avec lui. C'est la boussole, c'est l'étoile polaire que doit chercher notre regard dans toutes nos incertitudes.

C'est précisément pour cela que tant de gens préfèrent leurs préjugés à des principes. D'abord le préjugé est tout fait; il est à la portée de la main; point besoin

de le chercher ; il est partout ; on le trouve
dans chacune de nos institutions, dans
chacune de nos relations sociales; il co-
habite avec nous; il est dans l'air que nous
respirons. Nous nous l'inoculons sans nous
en apercevoir. Nous l'absorbons comme
un miasme. Il se fait agréable, et nous le
conservons avec reconnaissance.

Le préjugé a ainsi droit de prescrip-
tion. Il fait partie de notre vie. Pour le
chasser, il faudrait un grand effort, d'autant plus que nos préjugés individuels sont
liés à nos préjugés généraux, que souvent
nos préjugés sont doublés d'intérêts, et que
les uns et les autres se conservent réciproquement.

Et puis les principes! il faut se donner la
peine de les vérifier, et ensuite il faut avoir
soin de ne pas y mentir dans sa vie; c'est une
obligation morale, gênante, que l'on se
crée.

Et cependant, il faut bien qu'on le sache,
tant que nous serons gouvernés par des
préjugés, il arrivera certains jours où les
préjugés des légitimistes, des orléanistes,

des républicains de toutes nuances, les préjugés des riches, les préjugés des pauvres, les préjugés des gouvernants, les préjugés des gouvernés, les préjugés des villes, les préjugés des campagnes, les préjugés des castes, les préjugés des corporations, les préjugés de métiers, les préjugés de l'Église, les préjugés d'instruction se heurteront dans ces formidables chocs qui se sont appelés dans le passé : le 14 juillet 1789, le 10 août, le 9 thermidor, le 18 brumaire, Waterloo, juillet 1830, 24 février 1848, juin 1848, 2 décembre 1851, 4 septembre 1870, mai 1871, et qui dans l'avenir s'appelleront peut-être de noms plus terribles encore.

On le sait : le passé est assez effrayant pour qu'on ait peur de l'avenir ; mais on ressemble à ces malheureux prodigues qui, prévoyant le cataclysme, refusent, quand il en est temps encore, d'examiner leur situation et de chercher à en sortir. Ils se disent qu'ils auront toujours pour ressource le suicide ; et nous, nous disons que nous aurons toujours pour ressource la guerre civile.

Nous devons cependant savoir que la guerre civile, loin d'être une solution, ne fait, avec une désastreuse impartialité pour les vainqueurs comme pour les vaincus, qu'obscurcir les questions, en les doublant de désespoirs, de haines, de vengeances. Des insurrections comme Lyon en 1831, comme juin 1848, comme mars 1871, ce sont les batailles de la même guerre : entre ces batailles, il n'y a pas de paix ; des deux côtés, il y a préparatifs de combat. Or, une société qui se trouve placée dans cette situation, entre ces crises périodiques, manque de la première condition nécessaire à la vie des nations : la sécurité.

— Tout le monde la veut, me répondra-t-on.

— Eh bien ! abandonnez vos préjugés et remontez aux principes, si vous voulez clore le terrible calendrier de vos guerres civiles.

Et il n'y a qu'un seul moyen de le sceller

à tout jamais et de le faire enfermer dans le musée des aberrations humaines : c'est la paix sociale.

Cette paix sociale que vous n'avez pas obtenue, que vous n'obtiendrez jamais avec vos lois restrictives contre toute idée, toute action pacifique qui peut menacer vos priviléges ou qui déplaît à vos préjugés ; cette paix sociale que vous n'avez pas obtenue, malgré vos sanglantes hécatombes, cette paix sociale est tout simplement l'accord du droit naturel avec le droit positif, du droit individuel avec le droit social.

Sachez-le bien, au milieu de tout ce tourbillon plein de flammes et de sang qui s'appelle l'histoire, dans cette longue suite de crimes, de violences, de douleurs, l'homme a toujours gravité autour de ce pivot : le droit naturel.

Il attirait l'homme comme l'aimant attire le fer ; l'homme y allait d'une manière inconsciente, ne sachant trop pourquoi, ignorant où il le trouverait, instinctivement, en vertu de son organisation, par la loi naturelle de l'instinct de la conservation. Alors, il trouvait sur son chemin des préjugés, des priviléges, des gens qui, non contents d'avoir leur droit, s'étaient encore emparés du droit des autres; et entre les voleurs de droit et les spoliés, il y avait bataille, et la poussière sanglante qui s'élevait de cette bataille dérobait le but aux regards de l'humanité. Et alors venaient d'autres hommes qui le cherchaient encore et qui rencontraient d'autres hommes qui les en éloignaient. Et la lutte recommençait !... et la lutte continue !.....

Pour y mettre fin, il faut placer ce but, le droit naturel, qui n'est autre que le droit individuel de l'homme, en dehors de toute atteinte du droit positif ; déclarer bien haut que toute action pacifique est légitime ; que tout homme a le droit de travailler comme il l'entend, à ce qu'il veut ; qu'il a le droit de penser et de dire ce qu'il veut ; qu'il a le droit de se réunir et de s'associer à qui il veut pour faire, avec d'autres, ce qu'il peut faire seul. La reconnaissance du droit individuel de l'homme, c'est la suppression du droit à l'insurrection.

Il faut, en outre, l'individu étant soustrait à l'action du gouvernement, que ce gouvernement, chargé seulement d'administrer certains intérêts communs, ait des agents responsables à tout moment et à tous les degrés. La République, seule, peut remplir cette condition.

Il faut enfin, pour que toutes les activités puissent s'utiliser, pour que toutes les réformes puissent être soumises au contrôle de l'expérience, que la société ne soit pas enfermée dans le cadre inflexible de la centralisation.

Voilà de quelle manière on arrivera à la paix sociale. Tout le monde la veut, seulement entre elle et le désir, il y a le préjugé : biffez le préjugé et mettez à la place la vérité, la vérité telle qu'elle est, laide ou belle, peu importe : le résultat est obtenu.

Et pour l'obtenir, que faut-il ? substituer, en matière sociale, à la méthode dialectique qui égare, la méthode d'induction qui guide.

FIN.

TABLE

Typographie de Rouge et Ce, rue du Four-St-Germ., 43.

9 782013 441650